深度互联

Fully Connected

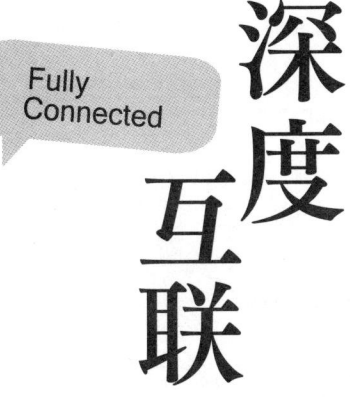

如何在信息超载时代重塑社交健康

[英]朱莉娅·霍布斯鲍姆 著

武 力 译

上海社会科学院出版社
SHANGHAI ACADEMY OF SOCIAL SCIENCES PRESS

图书在版编目（CIP）数据

深度互联：如何在信息超载时代重塑社交健康／（英）朱莉娅·霍布斯鲍姆著；武力译．—上海：上海社会科学院出版社，2022
书名原文：Fully Connected: Surviving and Thriving in an Age of Overload
ISBN 978-7-5520-3459-2

Ⅰ.①深… Ⅱ.①朱… ②武… Ⅲ.①互联网络—应用—心理交往—研究 Ⅳ.① C912.1-39

中国版本图书馆 CIP 数据核字（2022）第 012145 号

Fully Connected By Julia Hobsbawm
Copyright © 2017 by Bloomsbury Publishing PLC
ALL RIGHTS RESERVED
本书中文简体版版权归属于东方巴别塔（北京）文化传媒有限公司
上海市版权局著作权合同登记号：图字 09-2022-0242

深度互联：如何在信息超载时代重塑社交健康

作　　者：	［英］朱莉娅·霍布斯鲍姆
译　　者：	武　力
特邀策划：	巴别塔文化
责任编辑：	王　睿
特邀编辑：	何梦姣　张端杰
装帧设计：	今亮後聲 HOPESOUND·欧阳倩文
排版设计：	胡凤翼
出版发行：	上海社会科学院出版社
	地　　址：上海顺昌路 622 号　邮　　编：200025
	电话总机：021-63315947　销售热线：021-53063735
	http://www.sassp.cn　E-mail：sassp@sassp.cn
印　　刷：	天津画中画印刷有限公司
开　　本：	880 毫米 × 1230 毫米　1/32
印　　张：	9.25
字　　数：	174 千
版　　次：	2022 年 8 月第 1 版　2022 年 8 月第 1 次印刷

ISBN 978-7-5520-3459-2/C·216　　　定　价：58.00 元

版权所有　翻印必究

谨以此书献给我的丈夫阿拉里克（Alaric）和深爱的家人：罗曼（Roman）、安诺舒卡（Anoushka）、沃尔菲（Wolfie）以及他们的兄妹雷切尔（Rachael）和马克斯（Max），同时也献给我的最佳姐妹和密友杰茜卡·莫里斯（Jessica Morris）。

▼
▽
▼

> 我的状态还可以，只是要做的事情太多而难以招架。很久以前我就答应要做的一些疯狂的事情似乎都赶到了一起……而我却没有较长的时间来放松自己，尽管这非常必要。
>
> ——艾里斯·默多克（Iris Murdoch）

▼
▽
▼

目 录

前　言　病毒蔓延的速度 _1
引　言　峰值连接 _001

PART 01 信息超载
时代的社交健康

第一章　时代困境 _035
　　　　并非遨游网络，而是沉溺其中 _036
　　　　六度超负荷 _040
　　　　工作与生活失衡 _048
　　　　政府和公共机构运转不良 _050
　　　　震惊英国的索厄姆杀人案背后 _055
　　　　隔离措施 _058

第二章　社交健康 _063
　　　　风靡全球的简·方达健身操 _064
　　　　我们的身体与自我 _068

　　　　压力的利用与滥用 _072
　　　　爱好带来幸福感 _078
　　　　社交健康六边形 _089
　　　　症结与对策 _096

第三章　新需求层次 _103
　　　　巴黎地铁上的自闭症男孩 _104
　　　　门洛帕克的千禧一代 _108
　　　　渴望线下面对面交往 _112
　　　　沉迷搜索学习与算法推荐 _121
　　　　追求规模与速度 _127
　　　　崇尚数字化和时间管理 _132

社交网络
下的多重自我

第四章　社交天性 _141
　　　　格拉迪丝和娜奥米 _142
　　　　以家庭为中心 _148
　　　　边喝咖啡边谈心 _154
　　　　交友软件与性 _158

无爱的伴侣 _160
社会资本与沟通专家 _166

第五章 **职场一族** _171
糟糕的面试 _173
镇　纸 _177
孤独的摩天楼 _182
水培植物工作区 _188
高级经理 _198
边缘人群 _207

第六章 **网络和网络人** _211
贫民区和花园 _212
数以亿计的羞怯人群 _216
关系法则 _222
经纪人和建造者 _229
全球绿屋与精英网络 _237
爵士团和管弦乐队 _245

结　论　全面连接的未来 _251
附　录　六边形思考——六种关于社交健康的可实践方法 _263
后　记　桥上观景 _281
致　谢 _283

病毒蔓延的速度

2014年春天,一位名叫路易丝·卡马诺(Louise Kamano)的年轻女子离开她位于西非赤道几内亚盖凯杜省(Guēckēdou)的住所,向河畔走去。周围人的遭遇让她感到十分恐慌,于是她选择乘坐水上的士渡过莫阿河(Moa)。穿越边境的过程畅通无阻。这片土地充斥着鳄鱼和AK47步枪,然而路易丝却比它们更加危险。尽管她看上去身无长物,但在她体内却潜伏着某种她并没意识到或无法理解的物质。从她迈出独木舟,踏上干燥的邻国土地的那一刻起,路易丝已不经意间将人类已知最致命的传染病之一带到了拥有600万人口的塞拉利昂(Sierra Leone),因为此时的路易丝·卡马诺已感染了埃博拉病毒(Ebola)。

短短一年间,埃博拉病毒在西非六国迅速蔓延,11 000人因此丧生。这种病毒通过那些像路易丝一样感染的人跨境广泛传播。当地一则博客这样写道:"尽管盖凯杜省街道泥泞、房屋破旧,它却是一个名副其实的国际化地区。来自世界各地的人在这里融入全球经济。不同民族、不同种族的人在这里来来往往，穿梭于边境。"

网络物理学家艾伯特-拉斯洛·巴拉巴西（Albert-László Barabási）对各种类型网络的构成与特征做了分析。他将从多中心、多节点同时复制，呈指数螺旋增长乃至迅速失控的网络类型称作"无标度网络"（scale-free network）。埃博拉病毒正属于此类。互联网亦如此。就现实及虚拟网络的流行态势而言，巴拉巴西认为："在无标度网络中，即便病毒本身不具有高度传染性，也会变得易于传播和长期存活。"

社会是由一系列网络交织组合构成的。我们在大多数情况下甚至不会注意到它们。网络即结构，由动物、植物、机器和人类构成，可传递任何事情，从八卦绯闻到海量数据，从木材到电信，也包括疾病。其中一些网络系统是脆弱且失败的，比如，1976年埃博拉病毒首次爆发时，因其地处偏远，所以传播受限。无标度网络的运行有赖于其催化因素。HIV病毒的催化因素是滥交。寨卡病毒的催化因素则是蚊虫滋生的水源。贫穷也是常见的催化因素：贫穷的人们不得不饮用污水，因为他们别无选择。埃

前 言

博拉病毒传播的催化因素就是人,是活生生的、相互关联的人。

在特写镜头下,放大的埃博拉病毒影像显现出一种奇异的美感。受到感染的细胞呈蓝色和粉红色聚集在一起,重重叠叠,紧密相连,形成疏松黏稠的聚合物。病人的感染症状包括高烧、剧烈呕吐、疟疾、出血,以及中枢神经受损。埃博拉的传染性在患者死亡前、临死期间和死亡后达到高峰。而且该疾病潜伏期长达 21 天,流行病学家将此潜伏期称为扩散期或传播期。只有大约一半感染埃博拉病毒的病人能幸存下来,路易丝就是其中的幸运儿。但就在她挣扎求生的日子里,她却为身边的人带来了巨大的灾难。

辗转回到故乡的路易丝·卡马诺得以与家人重聚,回归家庭网络。在那里她将所携带的病毒传染给当地广受尊重的赤脚医生,并导致这名叫范达·尼乌马(Finda Nyuma)的医生染病身亡。当地很多人远道而来参加了这位医生的葬礼。包括几内亚在内的西非国家拥有这样的葬礼习俗——人们以布包裹逝去的人并亲吻他的身体,盼望他能够安全抵达人生彼岸。社会学家理查德·桑内特(Richard Sennett)提醒我们:"典仪赋予物体、动作、话语以象征意义。"葬礼作为建立联系最强有力的象征符号，揭开了埃博拉病毒传播的序幕，并提醒我们，为我们紧紧联系生死两界的恰恰是爱。

人际网络靠信息传播来维系和繁荣，不充分的沟通或错误的沟通可能带来致命的后果。世界卫生组织对机敏的小型慈善机构一再提出的警告置若罔闻。当时一个名为"无国界医生组织"的医疗团体迫切地提出一系列要求：建立战地医院，进行隔离，用水和肥皂清洗消毒（因为没有疫苗）。然而这些早期的警告完全被世界卫生组织忽略了，此后世界卫生组织试图亡羊补牢，但为时已晚。

当地的政客同样致命地执政不力且沟通不畅。路易丝有接触埃博拉病毒感染者的经历，当局却没有对她实行隔离。政客们的眼界更宽广，在他们眼中，如果闭锁国门，又如何开眼看世界呢？这些世界上最贫困的国家，迫切地渴望能够摆出开放通商的姿态来。然而他们不了解的是，这些外表看上去健康的人已经成了病毒的温床。他们打错了主意，放任路易丝穿越国境。而路易丝逃离的原因则是，她和同村的人将那些身穿防护服来自无国界

前 言

医生组织的志愿者当成了身穿白袍的巫师。这种误解在当地社区的传播速度堪比埃博拉病毒。

网络效应及相关的经验教训比比皆是。当路易丝·卡马诺迅速传播埃博拉病毒之际,五千多千米外的英国国民女歌手凯特·布什(Kate Bush)正在利用结构相似的互联网传播她的音乐。这位有名却离群索居的女歌手将她35年来第一次演唱会的门票放在网上销售。这场名为"黎明之前"的演唱会门票在15分钟内即销售一空。无标度网络带来的网络效果如野火一般将这些稀有门票出售的消息传播了出去。凯特本人则真诚地表示:"我都惊呆了!"关于网络行为和传播还存在着一些其他种类的联系。在比利时和法国,一个恐怖主义指挥网络经由监狱系统向社会蔓延开来。2015—2016年,他们在布鲁塞尔和巴黎街头采取行动,无论是广度和深度均超过了当局的控制能力。这种联系网络几乎不可见,且政府机关几乎无从发觉。如果没有被及时发现并阻止,它们可能会造成致命的危害。

文化、疾病、理念均依靠网络起作用。这些网络的联系结构是高度相似的,当它们发展到流行或地区性层面时,用社会观察家马尔科姆·格拉德韦尔（Malcolm Gladwell）的话来说，即"引爆点"。那么，我们如何避免那些不良传播达到引爆点呢？如何认清这些网络联系及其缺陷并采取对策呢？如何能够拥有更健康的连接而减少具有危害的连接呢？

　　本书以健康为喻，使我们了解如何管理和控制现代连通性的传播，从而在面对我们自己的身体，面对社会以及社会体系时，能够在网络中采取正确的行动，运用智慧，掌握节奏，进而带来巨大改变。

　　这些实践使得我们能够在正确的时间与正确的人沟通正确的知识，我称这个时间段的状态为"社交健康"。毫无疑问，西非各国在2014年遭遇了疾病的侵袭，然而这种不幸又因不良的社交健康状态而加剧。也就是说，导致埃博拉病毒从一个遥远闭塞的小村庄传播到人口众多的城市的原因，并不仅仅是疾病的传染性。埃博拉病毒的传播可用来类比我们这个时代的状态：我们因社会关系、旅行、政治、习俗、恐惧和爱联系在一起。那么我们为保护自己做了些什么呢？

峰值连接

> 一夜之间,在我们的社会中,人们从出门逛街转变为各自低头摆弄手机,这意味着什么呢?
>
> ——雅各布·韦斯伯格(Jacob Weisberg)

世界上第一条电缆铺设于1857年,这条连接纽芬兰和爱尔兰的水下电缆以铜为芯,以杜仲胶为皮,用浸泡液泡过的黄麻纱包裹外部。浸泡液含5/12的斯德哥尔摩焦油、5/12的沥青、1/12的沸腾亚麻籽油及1/12的普通蜂蜡。这些早期的电报电缆开启了一个全新的时代,而这个时代最终造就了全面连接的现代生活:电话、汽车、铁路、电灯、飞机、冰箱,当然还有电脑。我们今天所依赖的那些家喻户晓的互联网科技巨头,如谷歌、脸书、微软、苹果、阿里巴巴、领英、推特、英国航空公司、国泰航空公司、阿提哈德航空公司,或新兴物联网测绘及诸如 what3words 那样的搜索引擎 App，皆为脱胎于 19 世纪的发明，而非 21 世纪的全新产物。

随时待命

2015 年的一天，当脸书的用户数量正式突破 10 亿之际，其创始人马克·扎克伯格（Mark Zuckerberg）在网络媒体上发言称："这只是世界全面连接的开端。"在小说《愿我们可以被原谅》(May We Be Forgiven) 中，乔治——一位生活在 21 世纪头十年的电视台负责人称："我每时每刻都在待命。"后来他因不堪重负走上谋杀之路。这部小说暗示我们虽然超负荷生活不一定会导致谋杀，但它带来的却不仅仅是对现代生活的不满情绪，并且更可能导致另一种状态：疯狂。

对比历史来看，我们今天拥有更多的机会联系彼此。我们使用手机、社交媒体和互联网，这些被社会学家巴里·韦尔曼（Barry Wellman）和李·雷尼（Lee Rainie）称为"第三次革命"的现代因素构成了我们在这颗行星上各个角落生活的背景。我们

引 言

在现代社会彼此联系依赖的是和以前相同的方式：语言、形象和故事。正如作家艾丽芙·沙法克（Elif Shafak）所称："我们的故事，乃至我们的命运，紧密相连。"今天，借助层出不穷的平台和媒体，人们的联系变得比以前更快速和连贯。世界经济论坛指出，到2020年，人类使用的连接设备总量将达500亿台。欢迎来到全面连接的时代！

连接如同早期的工业化浪潮一般席卷而来：从非洲的智能手机银行技术到中国革命性地利用App提供连接农场至餐桌的直营农产品服务。尽管如此，这种进步也导致了不良后果，人类正因过度使用新技术而感到窒息。我们多数人对此缺乏实际的对策，当我们听闻"数字戒毒"或是暂时断开连接这类说法时，这感觉和用海藻泥做健康SPA一样新奇。在现代社会，我们几乎不可能在没有网络连接的环境中生活，电子邮件、短信、新闻推送、手机等充斥我们的生活，不一而足。

如果没有网络连接技术，我们将无法办理银行业务，无法登机，无法付账。我们已经进入了一个奇异的虚拟时代，身边的一切均以电子化的方式率先面世。我们用电子银行卡付账，然后通过嵌入式 App 查账。我们接纳数字算法技术通过了解我们的喜好来推送广告的做法，虽然也有好笑或恼人的意外，但是其精确度超出我们的想象。尽管人类存在的历史很长，我们仍须重新学习如何与科技这一全新"物种"共生。

脑力充沛

我们都知道蒂姆·伯纳斯－李爵士（Sir Tim Berners-Lee）发明了万维网，从而成为今天互联世界的教父。而互联世界的生父则另有其人，即托马斯·阿尔瓦·爱迪生（Thomas Alva Edison）。150 年前，正是爱迪生开启了大规模连接的概念，他是从留声机到电灯泡等设备的先驱发明家。在广泛研究有线电报系统之后，爱迪生对其做了详细的著述[1]，并发明了最早的碳阻送话机，为贝尔电话公司开发了电话网络，构建了现代普遍应用的连

---

[1] 出自《阿普尔顿应用力学百科全书》中的增补论文，作者以托马斯·爱迪生为合著者，其中大部分内容与作者手稿相符。——原注

引 言

接技术的基础。

数字电话诞生于20世纪80年代，我们今天的计算机网络技术是爱迪生电话技术的进化。令人惊讶的是，早期的手工碳填充玻璃管、磁铁与电池组设计至今并无大的改变，其原理与埃隆·马斯克（Elon Musk）利用被动磁源设计亚音速超回路传输系统所使用的磁悬浮原理并无二致。不过，二者之间还是有一点不同的——人的行为。我们早就是网络的使用者——人们搭乘车船出游，拿起电话交谈，当最初的电话使用者小心翼翼地拿起电话时，无人预知这项为商家开发的发明在未来会应用得如此普遍。到了现代，我们的生活更加与网络密不可分，我们似乎已成为互联网世界的一部分。

连接将把我们引向何方呢？在发达国家和发展中国家，互联网技术的进步和好处怎么强调都不为过。当然，我热爱这个全面连接的世界，我也当然认同它的存在，大家都是如此，不是吗？我们使用Skype会诊，开网络研讨会，举办电话会议，利用YouTube分享视频，还使用诸如Dropbox或Slack的云备份App。除此之外，我们使用电子邮件、领英、照片墙、推特、脸书、

FaceTime、WhatsApp、色拉布等产品。产品的名单可以无限增加，同样不断增加的还有无限可能。

　　生活可以交汇成一连串的屏幕窗口，每一个窗口都可以延伸到更广阔的世界。使用iPad或笔记本电脑交谈之前，我们的设备已经相互连接。移动电话用于通话的次数要少于文本输入或滚动浏览的次数。当我想了解知识时，我会首先在谷歌、维基百科、BuzzFeed或BBC上搜索。通过这种方式查找信息并传递信息已成为我们的第二天性。这种连接是动态的且移动的，没有什么是静止的，包括我们本身。技术公司在向我们销售无限可能性，有限在某种意义上就意味着失败。在线存储的蓝色背景总在召唤我们去使用它。

　　这或许能为我们带来便利，带来创新的震撼，但同时也激进地重塑了我们的工作和生活方式。尽管这个全面连接的时代在医学、机械、文化和商业领域为我们带来了无尽的优势，它也深刻地影响着我们，让我们的生活变得更加复杂、快节奏及恶化，在为我们提供解决方案的同时也带来了诸多问题。我们今天的生活充满认知失调，认知失调基于人类感受到的紧张情绪而生。天

引 言

性受到自然限制的人类进入无限制、无关机状态的计算机化社会就会产生紧张情绪。人类与计算机具有本质的不同,我们的存储有限,我们的时间亦有限。自苏美尔历法诞生用以表达时间的循环以来,我们每周的时间只有168小时而已。[①]

我每周会花20%的时间管理我的收件箱,其中部分时间用于整理我的"杂物"文件夹(里面是我需要保留的邮件,而算法终究无法取代人的大脑)。这是现代生活所必须付出的代价。我们的大脑充满了要表达的思想,却没有充分的时间来表达。正如19世纪浪漫主义诗人约翰·济慈(John Keats)所说:"每当我害怕,生命也许等不及/我的笔搜集我蓬勃的思潮。"[②]

你能否找到这样一位工作者呢?他的工作地点可能是办公室、学校、呼叫中心、货仓、议会的议院、一线公共服务场所、非政府组织或是大学,而无须与超负荷做斗争,无须承认日常生

[①] 人们认为巴比伦地区的苏美尔人率先使用历法,他们根据月亮转动周期计算出每年共12个月及黎明和日落之间的时长为12小时。——原注

[②] 约翰·济慈,《每当我害怕》(When I have Fears),诗歌创作于1818年,1848年作者去世后出版。——原注

活中的许多工作不好或确实不正常。无论是个人还是机构，我们都面对着同样的问题：我们已经满负荷了。

连接的尺度

我于1964年出生在伦敦的布鲁姆斯伯里（Bloomsbury），恰逢英特尔的创始人戈登·E. 摩尔（Gordon E. Moore）提出"摩尔定律"，声称计算机的计算能力将每两年翻一番。没过几年，心理学家斯坦利·米尔格拉姆（Stanley Milgram）承担了一项具有里程碑意义的研究，其研究目的在于了解人与人之间的社会联系距离，其研究结果即著名的"六度分隔理论"。讽刺的是，我们本能地从字面意思来理解这项研究成果，会恰好得到相反的意思。这项实验显示的不是我们之间的分隔或断联，而是我们与每个人之间的联系，我们与任何人之间最多只隔了六个人。在小世界里——是的，这个实验很好地融合了"小世界理论"——我们的关联是有限的。然而现状并非如此，我们有许多选择，包括脸书、埃博拉、航空公司……我们可能仍生活和工作在小团体中，

引 言

但是我们同时也和许多人建立了联系。在当今社会，我们可以迅速地与他们建立联系。

摩尔定律亦适用于两类运动："距离的消失"和我所谓的"峰值连接"。首先，距离。1969 年，我 5 岁了。那年协和超音速客机完成了处女航，尼尔·阿姆斯特朗（Neil Armstrong）在远离地球 370 300 千米的月球上迈出了第一步。仅隔不到一代人的时间，就在亚特兰蒂斯号空间站与俄罗斯和平空间站对接的 1997 年，管理学者弗朗西丝·凯恩克罗斯（Frances Cairncross）提出了"距离的消失"这个概念，用以表达新兴通信技术彻底改变的不仅仅是时间表，还缩减了距离。

其次，峰值连接。早在 20 世纪 60 年代，我对月球行走的兴趣永远比不上我对仙蒂娃娃的喜爱。那个娃娃已经不见了，可我还清楚地记得我把她抱在怀里的感觉，也记得她对我意味着什么。我给她穿衣服，和她一起玩，娃娃就像是我的朋友。今天的小女孩也和娃娃玩耍，但是她们最喜欢的人物却往往在与她们远隔万里的互联网上。此刻，孩子们最喜欢玩的游戏是叫作精灵宝可梦 Go 的手游，这款游戏需要利用风靡全球的游戏器材——智能手机。不久之前,也就是不到半个世纪的光景,我们的世界才刚刚起步,目前已达到了"峰值连接"的水平,而这种现状并非完全乐观。

我的工作与这种峰值连接的状态息息相关。20 世纪 90 年代早期,在经历了 20 年的大众消费主义之后,人们花大价钱将电视和电脑连在了墙内的线缆上,这些线缆改变了距离,使我们彼此间的距离更加贴近。电子产品首先来到我们的书桌上,现在又握在了我们手中。

压力一族的起源

我们可能会说是科技使我们连接得更紧密,使我们成为更有能力的人。然而,科技的作用却如同演奏乐器使用的扩音器一般,我们本身,无论是个体还是人群,仍承担着最成功的传送者的角色。那些计算机代码和算法造就了如今这个互联网社交时代,却不过是在呼应某种根本性因素的演变:从物种发展到理念传播都依赖于人。从进化的角度来看,人类社会的传播速度确实

引 言

非常迅速。

历史学家尤瓦尔·诺亚·赫拉利（Yuval Noah Harari）认为从人类进化的速度来看，我们这个物种在对抗压力方面是不够成熟的。他提到，对于一名公元前8500年在杰里科（Jericho）小麦种植场劳作的人来说，当他面临新兴农业社区已使得这个古老的种植场效率提高10倍的情况时，将感到焦虑不安。如同杰里科种植场的先人一般，我也经常感到焦虑不安，然而我可以用1.49美元的价格从网上下载适用于苹果系统或安卓系统的面包制作App来解决问题，这是中东地区的先人们根本无法想象的，他们也无法想象手工面包会成为大型超市商场销售的主食。在驯化单粒小麦的新石器时代，当时人口数量不超过500万，他们能否想象当下全世界已拥有70亿人口，小麦向全球出口且谷物产量将很快超过25亿吨？现代全面连接的生活为我们带来的挑战不仅有速度，还有广度。

我们并不把目前全面连接的生活状态视为一种危机，特别是没有将它看作一场健康方面的危机，但这种想法并不恰当。我们不再去健身房，不再锻炼身体，我们没有意识到这种全新的连接状态也存在着负面影响。以千禧年后出生的"Z世代"为例，正如高盛所说，他们是"第一代降生于后互联网时代的人，人手一部手机"。这代人可以每天花18个小时面对屏幕，他们在社交媒体上比在实际社交场合表现得更加自如。人工智能很快将为他们提供具有交谈功能的计算机，这种社会状态是否健康呢？无论健康与否，这就是我们眼下的现实社会。

学生们的注意力广度正呈现指数性变化，有些大学已经停止兴建大型教室以迎合学生们持续进行线上分享的愿望。这些学生的注意力持续时间缩短，且不愿花时间泡在教室里听老师们讲解知识。① 电影院正在努力推行要求观众关闭手机的做法，因为观众们似乎无法抗拒把玩手机的欲望。我们了解到《柳叶刀》（*The Lancet*）杂志的最新数据表明，不久将有2%的全球人口面临肥胖问题。那么有没有衡量过度连接的标准呢？如何得知是饱

---

① 根据《北安普敦纪事报》（*Northampton Chronicle*）2013年11月的报道，北安普敦新校区可能不修建演讲厅；另据悉尼科技大学网站的信息，弗兰克·格里（Frank Gehry）为该校设计的周泽荣博士大楼，楼内设有120个座席的联合报告厅，该建筑于2015年开放，室内家具设计风格灵活，配有可移动家具以方便团体活动。——原注

引 言

和连接还是连接不足呢?

事实上,目前对这个全面连接的世界既无衡量的标准,也无对其影响的监测,对此,我们如今正处于一种深爱并沉溺的状态,对其社会影响则采取无视态度。也许我们并非无视,只是我们的注意力被分散了。家长们担心网络上的黄色信息,同时还有维基解密。爱德华·斯诺登(Edward Snowden)表达了公众对侵犯隐私的深深不安,然而这种全新的技术文化的特征之一就是令人上瘾。技术公司为我们提供包装精美的上市产品,这些产品已经对我们产生巨大的影响,它们令我们上瘾的程度堪比香烟和糖。我们或许已经意识到这些东西的缺点,但其商业优势同样更加清晰可见。美国媒体评论人迈克尔·沃尔夫(Michael Wolff)在论及电视时提到了类似的趋势,他将计算机网络连接技术的速度、广度及成本与"二战"之后生产的冷冻罐头食品做类比,他预测,就如同随着美食家群体的出现,人们对食物的感受和要求逐渐升华提高一般,这将最终减少肥胖现象。现在这个时期,人人都想要更多——更多的信息,更多的选择,更多的个性化,更多的平台——我们的饕餮欲望全面释放,而我们正过度满足着这种欲望。

新操作系统

如果我们是电脑,我们可以通过更新系统来解决这个问题。汽车和手机已拥有系统,什么时候轮到我们人类呢?这样我们就能应付这个全面连接的世界为我们带来的混乱状态了,这一定有助于我们清除杂乱,让我们的身体和组织都变得有条不紊。

医学领域不断提出新的解决方案。短短几个月内,癌症治疗已经从千篇一律的手术和药物治疗飞跃到针对每个病人提供个性化的治疗方案。时间是重要的,对我们每个人都一样,因此我们关注如何延长时间(生命)或改善时间质量(利用时间)。就这方面而言,我们的激进态度无可厚非。好消息是,我们得知创新并不仅仅依赖于新技术或昂贵技术,健康的新思维方式正在影响着新的实践方法。例如,肠癌一类精确的手术正在经历进步,即通过简化手术程序来简化手术技法、减少手术伤害。这种手术重塑带来的影响不亚于新药诞生产生的效果,而这种影响不仅仅源自技术变化,其效果产生之时我们讶异于其效果之显著,此前技术变革经历的尝试和错误我们却不得而知。其成功之时,我们

引 言

即称之为创新。

现代大规模连接始于150年前，21世纪初因电子邮件和互联网的诞生而加速。正如医药领域一样，该领域本身即富含其问题的解决方案，有些解决方案古老，有些现代，我们都应该正确面对，这些方案或许将使一个患病的社会焕发生机。

健康之国

> 我患上了严重的脑瘤，不过这个剧变却让我思路大开。患病带来的不确定感已从噩梦变为我新的挚友。
>
> ——杰茜卡·莫里斯（Jessica Morris）

大多数生活在发达国家的人们对健康的定义具有基本的认知，人人知道应该少吸烟，少喝酒，多锻炼，个个明白碳水化合物与热量之间的关系，健身会员俱乐部与健康产业蓬勃发展。市场需求如此旺盛，中东地区完全可以依靠为游客提供SPA服务来弥补该地区损失的石油收入。我们都了解补水与睡眠的重要性,也接受瑜伽和正念等修心技巧。出生之地固然无法选择,但我们已经开始试图左右此生的寿命,无论染病抑或无恙,我们都确信人类会更加长寿。

我的朋友杰茜卡不幸身患严重脑瘤,这使她留意到作家苏珊·桑塔格(Susan Sontag)曾提及在健康和疾病二者之间还存在着一个中间领域。相对于病痛,该领域与健康关系更密切。作为一位患者,杰茜卡努力将其所了解的医学知识、最新医学研究和治疗数据三者结合,力图以一种全新的方式了解其作用机理,她非但没被疾病吓倒,反而燃起斗志,迈入了新领域。

我们都知道健康源于个人努力,但亦深受外在文化环境的影响。如果周遭的人戒烟了,我们也会模仿跟从。从另一方面来看,肥胖往往与我们的密友相伴而来,你会发现,如果你身边的人身形臃肿,你自己也很难独善其身。在改变自身行为之前,我们往往需要确信我们身边的人亦如此行事。根据社会认同理论,我们得知社会网络和心理行为具有相通之处,即行为是相互影响的。行为是否健康或许部分受别人影响,但主要是由自身决定的，即需要确认自身目标。

因此本书选择以健康为喻极为恰当，因为我们都或多或少认同现代生活并非那么健康。无论是工作还是生活领域，现代生活似乎总是运转不良，官僚作风造成其工作网络效率低下，此外，交通等其他网络也存在不同程度的效率低下问题。网络越庞大，风险就越大，若遇到网络瘫痪，其造成的混乱情况就越严重。

2015年，索尼公司遭受大面积黑客攻击，造成其全球电子网络瘫痪达数周之久。其间，索尼高管与执行官员之间的通信被公之于众。全面连接的弱点之一，即信息超载使得索尼公司深陷泥潭。据我所知，一段时间内，公司所有的电邮、记录、发票、订单均无法调取，这一灾难使得其电影电视产品销售额大幅下滑。最终令其工作恢复正常的法宝出人意料：手动、书写和面谈。一位索尼执行官后来对我说："我当时打电话给合作方说，'我们的订单系统和财务系统瘫痪了，无法提供纸质版。你能信任我吗？'"是良好的人际关系令索尼在困难时期得以继续运转，而此弥补模式在公司内部屡见不鲜。

无论是在理论还是实践方面，就个体而言，人人都对健康原则耳熟能详。通过节食、锻炼、保持精神愉快等方法,我们能够摆脱肥胖、久坐、压力,从而过上积极、活跃、轻松的生活。我们有数不清的健康食谱、锻炼方法、相关 App,我们的主流文化也促使我们保持身心健康。但在社会层面,我们尚未构建具有良好连通性的有效体系,也无从知晓当社会健康负担过重造成社会问题时,其影响程度如何。本书正是出于此目的,以健康问题类比社会网络连接,我们可以通过寻找最古老的技术——人体和人类心理原则,成功地改变我们在一个超高速连接化的数字世界中的工作方式。

硬件与软件

等我的孙辈出生的时候,他们会惊异于没有全息图像或机器人的我们是如何生存的。他们将生活在"第二次机器时代",与之朝夕相处的将是靠人类编写的程序驱使的模拟人,可穿戴技术即将演变为"可穿戴人类"。为何要如此呢?答案是我们人类既为万物之灵,又岂可空负超群智慧呢?我们生而为人,既犯错,也原谅,继而相互交往。人类交往方式可闻可见,不断推动

引 言

物种进化。《第二次机器时代》(*The Second Machine Age*)一书作者称,虽然人们对未来的失业前景忧心忡忡,但人类仍有一个领域无可取代,即与人类社交相关的服务领域。所以,投入大规模技术让计算机模拟人类也存在着并非如此光明的一面,更别说计算机有朝一日可能取代人类。机器具有动物的单纯性,其传感器不会用语言交流,更不具有人类特有的交流组织和复杂的认知模式。我对人们试图教会研发中的无人驾驶汽车学习使用"感觉"和"感应器"感到迷惑不解。我们的社会是抱着怎样的野心呢?人们上班固然需要汽车类交通工具,如果无人驾驶汽车的存在是为了满足服务大众这一主流用途也就罢了,然而其背后却隐含着另一层意思,即人们为之痴狂的是全面连接本身,而非其他。

因此,在这个大胆的新机器时代,我们需要有健康的视角,以及基于健康概念本身的健康行为。我们要明白人类处于困境时借助了过多的外在技术,还要明白无论是否喜欢,这些技术都如潮水一般淹没了我们。我们需要明了这浪潮涌来的速度与节奏,也要明白我们何时需要在没有救生圈的情况下能够游上岸,至少某些时候我们必须这样去做。麻省理工学院的心理学教

深度互联：如何在信息超载时代重塑社交健康

授雪莉·特克（Sherry Turkle）提起一位二十来岁的年轻人，这位叫特雷弗（Trevor）的年轻人善于在与他人交谈时眼睛仍盯着手机，当他得知我正在写一本关于谈话的书时，他的反应近乎嗤之以鼻。"对话？这种行为 2009 年就消失了吧！"或者正如曾做过商人的哲学家纳西姆·尼古拉斯·塔勒布（Nassim Nicholas Taleb）所说："我们都是深受后启蒙时期思想影响的人，认为世界就像一架结构复杂的机器，这世界的管理方式应该类似一群书呆子不断求解教科书式的工程问题。也就是说，我们把世界拟化为机器，而非人体。"

在危难中，我们了解到社交带来的益处。面对其他动物竞争者，智人因拥有族群、小群体内形成的信任纽带，以及与五感相关联的社交亲密感而脱颖而出。此外，人类还拥有区别于其他物种的故事传承和交流方式，交流对于人类是自然而本能的。在我们拥有选择权的前提下，我们为何要屈居于机器之下呢？即便人工智能风头正盛，我们多数情况下仍拥有选择权，如果没有了选择权，我们又如何能认为这个纷繁复杂的世界能够健康有效运转呢？

考虑到我们对技术的依赖程度，或许当我们关注个体健康

引 言

及其工作生活环境时，应以"硬件"和"软件"这样的术语来描述。毕竟，二者可统一而非对立，因为在身心并重的健康观念中，二者缺一不可。技术互联环境下的行为模式、物理学，以及"硬"科学，可以与人际关系的结构、社会科学的"软力量"，以及社会科学（尤其是社会学、组织行为学、社交网络科学、神经科学，以及心理学）中的"社会关系"联系起来看。这种观念在研究领域中已初见端倪，目前已经出现了神经科学与经济学的关联研究，新兴行为经济学或称助推理论也已崭露头角，这些研究大量使用基于社会心理学简单而有效的技术手段来逐步推进对行为与态度的度量。

是时候重新挖掘那些关于网络的研究文献了，是时候将其和浩瀚学海中的研究成果及论文联系起来了。这些资料往往尘封在博物馆的地下室，无人问津，重拾这些思想成果将有助于我们了解人类社会将在何时寻获自我。许多问题的解决方法都深埋于此，它们散落各处，亟待我们将其关联起来并从全新的视角观察学习，如管理学和健康、社会学与行为经济学、社交网络分析及新兴社会研究——我对网络中的行为深感兴趣。

我提出的解决之道是社交健康。它可以将现有不同学科融合为单一且全新的观念及行为模式,即网络环境中的健康模式。路漫漫其修远兮,我希望不久能看到医学领域产生大量针对个人及职业网络的研究,正如同我们当下重视肥胖问题一般。我确信我的朋友杰茜卡在患者体验方面,因癌症研究数据的缺失抱有同样的期待。

正如你们将要看到的,社交健康的核心在于摒弃枯燥的研究数据,关注其主要驱动力,关注个人所了解和分享的经验及其关联。

社交健康

> 父王,"自尊"比起那"自卑"来,可不算是最严重的罪恶啊。
>
> ——威廉·莎士比亚,《亨利五世》

自世界卫生组织首次公布健康定义已经过去了七十多年。根据世界卫生组织的定义,"健康是一种身体、精神和社会适应

引 言

能力整体处于健康的状态,而不仅仅是没有疾病。"①

我并不确定所谓的"社会适应能力良好"是何意。但早在20世纪文化理论学家马歇尔·麦克卢汉(Marshall McLuhan)预测"地球村"出现的20年前,那时社会的概念与现代超级网络无关,与电脑无关,而与我们的出生、生活、死亡以及他人之间形成的关系息息相关。当然,如今其意义并未改变。莎士比亚仍与我们同在,他的戏剧和十四行诗阐述了人们对他人及自身的意义。但是,如今的社会含义变得更加错综复杂,它与我们的生活方式、联系方式、交往程度息息相关。这些都远非那些生活在1946年那些晦暗不明日子里的战后官员所能想象的,更不要说生活在16世纪的诗人了。

"社会"(Social)一词或许是英语语言中最灵活的词藻之一了。维基百科阐述此词的概念时指出,其应用广泛且在不同语境中词义各不相同。在牛津英语词典中,"社会"一词用以指代

---

① 世界卫生组织章程的前言部分,在1946年于纽约举办的国际卫生会议上被采纳,于1948年正式实施。——原注

"拥有复杂沟通方式的体系"及"与社会等级与地位相关的"。该词汇也与其他领域关联并使其含义更清晰,如社会阶层、社会关怀、社会资本,当然还有社会网络。然而无论其含义如何多样化,总有共通之处,即将存在某种联系的人们以社会的方式整合在一起,有时该体系是有帮助的、健康的、高产的;有时却恰恰相反。有时人们独处并与社会脱离;有时他们却通过参加小组、群体、组织、团体的方式来持续交往。

保持社会关系既复杂又简单,让我们用现代技术术语来描述它。首先,社会关系构成了所谓的硬件组成部分,即结构与体系。以阶级来举例,如果降生于某一社会阶层,则无论未来如何财运亨通或事业发达也无法进入另一阶层。举例来说,如果你是一位管理顾问,那么你和一位清道夫把酒言欢的概率是极低的。清道夫的"社会资本",即世界银行所谓的"公民与其社团形成的联系"也同样很低,除非他有机会加入更大型的社团。一己之力到底难敌众人拾柴。其次是软件组成部分,即人与人之间以任意方式构成的关系网络和联系。在网络科学领域中,"经纪人"与"桥接器"构成了不同群体交换知识、影响力和行为的核心。

引 言

生活在这个联系日益密切的时代,社交健康成为接下来的必由之路,我们不能仅仅局限于生存,社交健康会在这个超载的时代为我们带来不断茁壮成长的机会。

在今天的社会中,若要在你的国家或组织中安全愉快并且有效地建立工作和生活联系,处处皆是挑战。在纯经济学领域中,生产率的定义为"单位时间内投入产出的衡量标准",且此概念呈分化状态。生产率这一指标极度困扰管理者和政策制定者,因为在现代电子办公环境中,高达 25% 的生产力因缺乏良好应对机制而受损或丢失。目前全球生产率仅持在 2.1% 左右,从美国到日本,世界各地均表现不佳,即所谓的疲软。生产率的概念受到质疑,知识经济范畴内尤甚。不仅如此,很多人不愿意成为该指标衡量的对象,他们厌倦了数十年来在企业内部接受不恰当的"绩效管理"。如果把生产率作为工作的目标,同样会引发人们的反感,因为这个概念本身存在矛盾。那么生产率到底是机械性的还是创造性的呢?我认为二者都有。生产率是必不可少的,它不但是经济成功的复杂构成因素,也是衡量我们的创造力和幸福的标准。没有动力就无法提供生产效率,同样导致此结果的还有工作停滞、管理不善、设置无效等情况。我们的商业和政治生活常常处于无效状态，因为其缺乏社交健康因素。

然而，如果使用七十多年前所建立的跨国组织所下的定义来解释当下社交健康联系的话，未免缺乏足够的说服力。这让我想起银行的计算机体系因不断增加的代码而不堪重负。外包让问题愈发严重，大家因为不得不与千里之外的电话呼叫中心联络而恼怒。银行可作为缺乏健康联系的有力例证，然而这种情况不仅限于银行，它涉及整个社会。

社交网络

社交的含义及行为皆发生于网络当中。网络是作为社会关联组织而存在的，我们属于网络就像属于一个家庭一般。网络、群组、协会、社团、成员组织、工作文化均会创造出不同的网络表现形式。

我们生活于网络之中。我们模仿并依赖于网络，但是我们并不总是在构建和使用网络时感到惬意。我们可以拥抱网络，但

引 言

我们也因要建立和管理网络而感受到厌恶、含混、羞怯、怯懦和敌对，同时也热爱着它。这本身就是致命的脱节，因为我们忽视了在这个超载时代生存和繁荣的核心方式之一。

或许这对我很容易。我天生善于建立联系。在我的生活中，我曾不止一次给别人说媒。我感觉有那么几对彼此适合，在我随意撮合之后他们终成眷属。同时，我开办了一家企业，使我有机会成为马尔科姆·格拉德韦尔在他名为《引爆点》(*The Tipping Point*)的开创性著作中描述的三种类型的融合体：联系人、销售员和专家。换句话说，我是不同群体之间的桥梁，或者我可被称为网络联系人，也就是说我的工作是为他人建立联系。

就学术而言，人际网络科学可能听上去与相关的职业和实践均相去甚远，因此当我接受伦敦卡斯商学院的荣誉访问教授职位，成为世界上第一位人际网络学教授时，有些人不以为然。人们认为网络是和物理、数学、社会科学相关联的，而如何将其应用于职业圈则尚未经检验。

至少从表面上看，网络操作是非常简单的，其主要研究集中在构造网络空间方面。毕竟从文化上来看，网络的认知背景关乎某种形式的培养，其存在通常是为了获取商业利益而不是与学科、数据或模式相关联的，因此其常与预测有关。全世界几乎所有的商学院都开设了各类与网络相关的课程，然而往往不是核心课程，而是从属于职业课程体系。更糟糕的是，人们往往认为外向性格者比内向者更善于构建网络，因此这一学科常被看作俗物，而非社会观察与文化理论。有趣的是，很多人认为他们并没有使用网络，有些人甚至认为像工作和突破性思想之间的联系都来自火星，未经任何干预和操作就自然而然地来到我们身边。他们认为，如果为此制订计划的话，那真是蠢不可言，对于网络科学家而言，这简直是天方夜谭。欧洲核子研究所是作为一个网络而运作的，网络涉及的绝不仅仅是科学家，还包括犯罪分子、创意人员、政治家、警察、音乐家和管理人员。建立联系是作为人类最显著的表现，正如物理学家艾伯特－拉斯洛·巴拉巴西所断言："网络无处不在。你只需寻找。"

引 言

全面连接的影响

我将在这里概述关于社交健康的例子,因为我认为是时候为"联系"制定清晰的定义和目标了。为此,首先应对"社交健康"加以定义,我将集中阐述关联行为将产生何种效果并解释何种杠杆可改善政策制定者所谓的结果。

社交健康理念背后隐含着清晰的原理:

- 我们都生活在网络技术和社会网络主导的环境中。
- 我们作为社会生物通过使用社交技术与他人建立联系。
- 我们不能,实际也并不等同于机器。
- 我们缺少有效的管理体系来增加联系,艰难前行却缺乏真正有效的组织方式,也对当下如何保持健康缺乏认识。

如果要我为世界卫生组织定义的"健康"修订定义的话,我可能会如此表述:

社交健康意味着平衡使用面对面与电子联系方式，从而管理知识传播、网络和实践。拥有"社交健康"意味着了解与何人何物建立联系，也了解中断联系的价值，从而保持健康状态。社交理论涉及身心两方面，对个人和组织同样适用。

语言在衰落，曾在推特上使用的140个词如今在地图软件上已缩减为3个词：

社交健康关乎何人、何物、何时。那些拥有社交健康的人能够平衡面对面的人际交往与技术联系，并且知道在哪里进行转换。

如何使用此书

你可能是出于以下原因阅读此书。你对人际联系快速发展

引言

有兴趣并希望通过阅读了解相关理念和建议。你可能对商务、管理、变化、策略、交流、心理有兴趣或仅仅是想问些简单的问题："目前繁复相联的生活能否简化呢？有没有办法可以顺利在这个超载的时代生存？"我希望这本书所展示的思想和方法可供你采撷并进一步探索。我把你视为一位旅人，请来我爱的这片领域遨游吧！

　　本书分为两部分。第一部分展示我们所处的这个超载时代的情况，这部分还将阐述20世纪关于健康和健身的内容如何可资借鉴，引领我们迈向社交健康的领域。我的生活与多项技术变化产生交集，因此我希望你们可以理解我以自传的方式来写作。你可以将此书看作我的一次从电话到推特的个人旅行。

　　第二部分，即社交网络下的自我。在这部分中我将观察生活与工作，以透视如何在这个超载时代穿透重重迷雾，内容涉及从工作联系到亲密关系。社交网络在我们的生活中无处不在，我们生活在网络的国度，我希望你们了解为何如此。

　　本书的最后内容为实际建议。通过6个步骤带你快速改变自身行为。我常常被问到能否提供一些建议，在本书中建议部分被放在最后篇章，你也可以登录 www.juliahobsbawm.com 进行了解。

  本人既是一名乐观主义者，也是实用主义者。社交健康及健康行为可以通过一系列实践、原则、练习和习惯得以创造，创造途径需身心兼备。这一系列技能将依赖于反复试验并从错误中总结经验，也依赖于经验共享，正如亚里士多德所述："我们通过重复塑造自我。杰出并非行动，而是习惯。"

PART 01

信息超载
时代的社交健康

第一章

时代困境

在信息、技术、网络超载的时代,我们面临着信息肥胖症、时间匮乏、技术发福、网络超载、组织臃肿和生活困局六大困境。到底发生了什么让我们身处困境,而我们又要以何种策略来应对呢?

并非遨游网络,而是沉溺其中

◉

这是一个阳光明媚的八月清晨,当时我正身处英格兰的某个海滨。时间是 2006 年,那是我和家人来到风景如画的东部沿海小镇度假的第一天。这个名为奥尔德堡(Aldeburgh)的小镇因著名作曲家本杰明·布里顿(Benjamin Britten)创办的奥尔德堡音乐节(Aldeburgh Festival)而闻名。这里仍保留着 20 世纪 50 年代的朴素,镇委会每过一段时间就呼吁反对增加当地的移动通信发射塔,使得当地几乎没有手机信号。来这里的人们多是为了寻找一种与现代生活隔绝的体验,我也不例外。

尽管我身体状况不佳,还连续感冒,我还是决定去慢跑。此刻我才意识到,我这种糟糕的身体状态已经持续几个

第一章 时代困境

月了,这使我手里总是攥着一把纸巾。我开始沿着海岸线跑步。当我沿着遍布鹅卵石的海岸艰难行进的时候,我呼吸沉重,喘息不止。那时我的幼子已满周岁,但我此前因为怀孕增加的体重却尚未消减。我感到视野模糊,视线有些难以聚焦。来度假的前一晚,我一直在办公室工作到午夜,结束当晚工作时我感到焦虑不安。待办的工作似乎未见减少。我从未计划过该何时完成某项工作,因为工作总是如海啸般汹涌而来。特别是在知识分子、服务行业、新企业和文字工作等特定领域中,我这样的工作强度已经成为"新常态"了。办公室的灯光或许会熄灭,工作却永无休止,人们将工作带回家,继续伏案埋头苦干。

但我爱我的工作和家人。作为一名幸运儿,我了解什么叫"甜蜜的压力"。我在现代生活的海洋中遨游,却未感受到波涛暗涌。我尚不知道我即将沉没。

大约跑了1 000码[①]之后,我离艺术家玛吉·汉布林(Maggi Hambling)设计的巨大扇贝雕塑还有一半距离,这座金属雕塑恰位于奥尔德堡与索普尼斯村(Thorpeness)之间。我喜爱它温暖的麻面钢材质和优美的元素曲线,人们被这座雕塑所吸引,慕名而来,风雨无阻,我亦如此。我十分想跑去看看它,同时却模模糊糊地感觉到我可能跑不了那么远。

---

① 1码≈0.9米。——编者注

我的腿软得像烂泥,于是我停下来,震惊地发现我的身体像灌满了沙子般沉重。我小心翼翼地沿着鹅卵石海滩行走,头顶的天空温和明媚,我却对自己说:"上帝啊!我感到不舒服。"身体不适在我进行剧烈运动时时常出现,但这次我内心却敲响了警钟,因为这次的情况大为不妙。

我丈夫和我们的五个孩子此刻都在度假屋里休息。回去之后,我觉得精神恍惚,尽管身边家人环绕,我却倍感孤独。我喃喃地说:"我觉得我可能运动过量了,我去小憩一下。"然后我就爬上楼在床上躺了下来,随后我感觉意识渐渐模糊。晚上八点做完家务之后,家人立刻送我到村诊所就诊。那里的医生为我快速检查之后立刻拿起电话接通位于30英里[①]外的伊普斯威奇综合医院,然后转身对我丈夫说:"快送她去!他们已经准备好了。"我丈夫这才意识到了什么,瞬间面如死灰。

讽刺的是,我这次真是病来如山倒。正如作家罗伯特·科尔维尔(Robert Colville)所描述的那样,现代生活节奏"疾行如风",这次病发如此之突然,真是令我措手不及。

在X光检查和验血之后,医生即刻做出诊断:急性肺炎伴随并发性败血症。在英国,每年有100万人因患此病入院治疗,其中37 000人因此而丧生。血液中毒通常发病很急并

---

① 1英里≈1.6千米。——编者注

常遭误诊，这种疾病在全世界都有发现且每年有60%~80%的病人因此丧生。如未及时得到救治，我的器官几个小时后就会衰竭。其后几天，我每天都接受静脉注射抗生素治疗。

我渐渐从病中恢复。最初虽病得严重，但我还是挺过来了。之后几周我慢慢好转，几个月之后我才感觉恢复了活力。我不再需要随身携带大量纸巾，也不再有水中窒息的感觉，我这才开始重返正常生活，发誓要寻找全新的平衡状态。

蓝色少女合唱团这个创作型音乐组合深深打动了我，她们歌颂爱情，吟唱爱情始于心痛的感觉。此后的10年中，我渐渐意识到我的病因源于超负荷运转而不是病毒感染，我夜以继日地工作，全年无休。2006年，我们的世界进入信息爆炸时代，社交网络仿佛重现了淘金时代的过往。我工作不止，身兼数职，我和其他人一起一头扎进超载时代，与此同时却仍不知如何解决那些老问题：怎么把握节奏？怎么管理时间？怎么在这个全面连接的世界中趋利避害？

六度超负荷

我们已经知晓我们是彼此相连的,即使我们常常试图切断这些联系,却极少付诸行动,原因是我们无法切断和这个世界之间千丝万缕的联系。即使只有一天中断,我们也会因此感到内疚不已。在这个超负荷时代,如果联系中断将无立足之地。

就个人而言,超负荷感受如何呢?我所指代的个人世界包含无法分割的两方面,生活和工作,所以这里不讨论六度分隔,而要讨论六种联系形式及其负面影响。你或许已经意识到这些了,该讨论旨在提出社交健康所需补救的缺陷。

信息肥胖症

你会发现你的生活充满了信息超负荷现象。你关心饮食和健身,然而你无法抵挡"信息肥胖症"[①]。你终日盯着电脑屏幕、手机、平板电脑,以关注新闻推送、推特推送、内网推送和无休止的电子邮件。电视网络邀请你进行反馈,你可以在网上找到上百种名片设计并挑选所喜爱的样式。选择无处不在,这使得你可以时刻掌握主动,以至于你有时希望能稍稍处于被动局面。你常常想要停下来并感觉几近崩溃,或者至少你身边的某些人是这样的状态。你的办公室配备了局域网,可你觉得这里的信息嘈杂,好像一栋急需整理的房屋。实际上,当你寻找所需信息时,感觉像是身处洛杉矶市中心,手中却没有地图一般。是的,你拥有谷歌、维基百科和BBC,但网络并非万能,你的阅读量没有增加,反而下降了。你阅读的文章越来越短,你看到家里的青少年子女拒绝阅读时却无计可施。同时你留意到报纸上一篇几百字的文章也被称为长篇阅读,仿佛读完这样一篇文章应得到嘉奖一

[①] "信息肥胖症"一词最早出现于2013年,用以指代贝恩信息咨询公司所称的"当今多数组织接受的信息如同不良胆固醇,其作用是堵塞动脉减慢反应"。该词出自保罗·罗杰斯(Paul Rogers)、卢迪·普里尔(Rudy Puryear)和詹姆斯·鲁特(James Root)合著的文章《信息肥胖症——良好决策的敌人》(Infobesity: The Enemy of Good Decision)。——原注

般。你手下的年轻人似乎知之甚多却只是浅尝辄止，而他们完全不知道如何深入进行长谈。

时间匮乏

你或许可以控制饮食的摄入，却无法掌控你的日程，因为其中一半内容取决于他人。在人生的沙漏中，时间迅速地悄然溜走，人一生中大约有 10 000 个工作日，而你的社交网中的联系人数以百计，工作联系人大概数以千计，然而你突然意识到每周只有 168 小时。鉴于多数人一生中的三分之一在睡眠中度过，剩下的时间十分有限，而你要在有限的时间内面对无限大的世界。除非有清晰而有力的理由，否则你难以抽出工作时间与他人会面，你开始无意识地以商业交易视角来看待时间，时间就是金钱，因此在工作时间与人会面须带来可观的回报才划算。

技术发福

我们都听说过"中年发福"，但你可曾听说过"技术发福（过度）"？技术的发展，就如同中年人腰腹间膨起的"游泳圈"一般，不断渗入我们的生活。当人们开始戴着装有睡眠监测程序的腕带睡觉时，我开始担心了，是谁在主宰你的

第一章　时代困境

生活呢？是技术还是你自己？我们无法确定。有了电邮、短信、推特及其他技术交流方式，面对面交谈似乎成了一种奢侈，各种技术手段让你可以将工作托付给 App、云或是物联网，这其中有多少能够体现你自身呢？又有多少要依托技术呢？你时常通过群组邮件、小组群聊或是"广播模式"等方式进行交流，却鲜少动笔写信或是拨打电话，其原因并非这样做费时费力，而是缺少了技术加持仿佛会给你带来不适，亲密反而成了问题，因为你需要亲自与人相见交谈，要进行目光交流。这一切都将引发风险和不确定性。但如果你认真思考，就会发现你所信任或依赖的人往往是那些你在现实生活中面对面交往的人，你选择与之共度时光的人，以及你与之分享有价值信息的人。社交分享为你带来舒适与欣慰，并为你提供许多问题的解决方案。通过在脸书上分享笑话，在照片墙上分享图片，在新闻 App 上分享文章，这些都很好地增强了你与外界的联系。在愈发充满敌意的环境中，人际关系也愈发重要。我们身处一个可怕的多变的世界，我们无法确定在无人帮助的情况下能否掌控自己的社交，社交和事业如能相结合则最好，如果我们将它们相互割离，难道不会觉得奇怪而陌生吗？

如何简单而有效地解决这些问题呢？答案正是连接技术本身。而它正是持续为你带来不适感的根源。**现代生活的变化巨大而迅猛，如果你属于 Y 世代（千禧一代）或是其后的**

Z世代，你就会理解我那2001年1月1日出生的女儿为何会毫无讽刺之意地问我："妈妈，你们那时候有汽车吗？是不是只有马车？"

网络过载

我们都依靠网络生活和工作，却从未意识到道路、通信电缆、地下电缆管道和头顶的电线都是网络的构成部分。那么，个人网络又如何呢？是谁设计了这样一个体系将各种联系整合到一起（或分离）呢？你的个人网络多半是不同体系的混乱交集，即使有一定的模式，恐怕也很难看出来。如果可以从空中俯瞰的话，你的网络联系恐怕类似复杂的道路交通网上的一场交通堵塞。

无论是在工作内外，在你接触的人当中，有一个界限是模糊的：你熟知的人和你完全不了解的人。如果你去健身房进行循环训练，你会从一架健身器材转向另一架，从一类训练改为另一类，以便全面健身。网络也是以这种方式循环运作，但你无法以循环的方式来对待你的人际网络，有些人多年来与你保持联络，而另一些人则存在感偏低。

如果要你现在选出你生命中最重要的150个人，要求选择方式必须有条理有意义，那么恐怕你需要花上几天，而不是几小时时间来做这件事。你对与何人何时联系和沟通并无计划，除非你优先考虑那些短时间内对你有帮助的人，那么那些可能在长期内给予你帮助或分享智慧的人就甘拜下风了。

只要一想到要整理个人关系网，更不要说建立关系网，畏难情绪即油然而生，似乎我们的工作又增加了一般，这令你感到不自然和压力。你不愿这样做，却又知道不得不如此，至少你清楚这是明智之举，如果你不这样做，就会被人甩在后面。或许你接受了社交时代的潜规则，在浪漫邀约方面左右逢源，先精心计算，再主观选择，或者你肯定担心落后于他人，担心自己的朋友和快乐不如别人多。

组织臃肿

妥协！膨胀！堵塞！组织臃肿。现代生活越来越纷繁复杂，为保持竞争力与联系，人们的压力与日俱增。若你就职于大企业，那么你的职业生活将充满复杂的体系和规章、培训、业绩评估，但企业并不多产和团结，你的多数手下在公司的工作时间不超过两年，因此对公司的了解并不多，工作时时出岔子。如果你是自由职业者，那么"机遇自己把握"将是你的新常态，每个人都是临时合同工，你的成绩仅限于你的最后一个项目，而且工作制度也总在不断变化。从石油行业到新闻，从医药到制造，各行业领域均在不断变化，人们努力保持专注,因为目标本身随时都在变化。在英国,压力因素每年导致接近一千万个工作日的损失,占职业病例的35%,而因职业病造成的病假当中,43%又是压力因素导致的。

与此同时,生产力不断下滑,其持续衰退的速度令经济学家困扰不已,同时伴有工作者的焦虑和抑郁。当抗抑郁药物舍曲林发明人之一肯尼斯·科伊(Kenneth Koe)去世的时候,《纽约时报》的讣告栏写道:自药物发明以来,超过一亿人因此药而获得治疗。舍曲林于1991年上市,这种药物在那些同一时期进入全面连接时代的人们当中被广泛使用。没有对一位抑郁症患者吐露这样的话更可怕的了:"你有什么可难过的和抑郁的呢?"然而我们却不断对自己说着这样的话。

生活困局

自格洛丽亚·斯泰纳姆(Gloria Steinem)发出女权主义呐喊"个人的即政治的"及卡罗尔·哈尼施(Carol Hanisch)的同名著作发表以来,这一事实仍然成立。你可以前所未有地投入工作,然而你对自我的认知和所感所想却被隐藏了,我们参与工作,各司其职,然而我们能感受到现代生活运作不佳。全球经济、社交网络和大众文化前所未有地联结在一

第一章 时代困境

起，然而似乎有些东西依旧遥不可及，这些事物步调紊乱，触不可及，而你，或许正如史蒂夫·史密斯（Stevie Smith）所言："不是在挥手，而是在求救。"你愿意提升自身并改进他人，只要你做的工作有意义，你就热爱团队合作。你不相信"领导艺术"这样的傻话，因为你身边遍布糟糕的领导人，而且领导往往只有一个，你属于其余的大多数。你环顾四周那些政治家、商业领袖、经理们，然后你告诉自己："不行，都太差了。"然后你想起（如果你是千禧一代或更年轻的话会从别人口中得知），之前一代人抽烟喝酒的比例远远大于今日（特别是办公室里），那时人们毫无健康和健身观念，今天盛行的身心健康观念在那时属于非主流，离人们相当遥远。而如今，我们的文化发生了改变，我们的世界发生了变化。

工作与生活失衡

◉

我的家族来自维也纳,是希特勒时代流亡至英国的难民家庭。那是 1936 年,德国纳粹还没有全面推行"水晶之夜"的恐怖暴行,因此,当我后来看到那些关于试图穿越波涛汹涌的地中海的难民报道时,我感到震惊,因为这种冒险只为求一个平安。若非提前离开,我也会遭受这种命运,所以我觉得自己很幸运,本来可能无法幸存的我过着这样健康安宁的生活。我们都是幸运儿,我们安居乐业,远离镇压,温饱健康,没有患上可怕致命的肺炎。

只除了一点,我们安居乐业之余感到一丝怪异。隐隐约约,我们并不觉得自己幸运,甚至有了别样的压迫感,要做的事情太多,时间却很有限。与此同时,工作管理体系又并不健全,方方面面的事物令我们备感压抑。生活在这片自由开放的土地上,我们却如临困境。

我有没有夸大其词呢?今天的职业生活,尤其是管理人员和办公一族们饱受困扰,无论你的办公条件如何,你的收件箱总是满满的,人们在职场中不断感受到压力、竞争、信息、时间匮乏、过多抉择的围困,尤其是来自现代网络生活这种无序混乱的方式。工作永无休止,无处不在。如果我们的社会角色不是在职父母、学生、教师、理货员、文员、政策制定者或演员等,而是在军中服役的话,我们会发现我们的作战环境复杂而危险重重:有来自失业的威胁,与其他时区的隐形竞争者钩心斗角,比自身竞争更激烈的经济体,债务风险或叠加成本,以及难以应付工作生活的种种挑战等。

获得工作与生活的平衡曾是一个希望,如今却变成了一种讽刺。我们可能健身和管理饮食,甚至每天做瑜伽正念练习,然而在信息管理方面依然无章可循。这些信息如潮水一般经由我们所处的交流网络向我们奔涌而来,即我们彼此联系依赖的方式:垃圾邮件管理、无序文件管理、领英消息、内部消息、短信息等。到底发生了什么令我们身处困境呢?如果以军事来做比喻,我们要以何种战略来应对呢?

政府和公共机构运转不良

◎

在恶劣的环境中,你必须装备精良、足够灵活、适应性强并能够熟练使用工具使系统协调,一旦犯错可能造成你甚至他人的失败。同时你要了解你的敌人,即便在家中,我们也面对威胁。如果你的孩子正处于青少年时期,那么在帮助他们管理消耗在电子产品和网络关系上的时间方面,你就会有这种威胁感。

我们的子女在网络联系方面花费了过长的时间,如果我们要求他们切断这种联系,那么对他们来说简直难以忍受。成年人也有类似的感受。我们沉迷于网络,即使现代电子产品和程序使我们生活得更加现代和轻松,我们也不愿意为这些设备所桎梏。如果家里有老人的话,就可以理解这个全面连接的世界是多么复杂且令人迷惘。对那些存在认知障碍、关节炎、视力不佳的老年人来说,这些现代产品的设计并不友好,更不要说对智力缺陷者来说可能导致他们的智力进一步下降。因此,这个时代更适合年轻人,不过对幼小者来说,他们所接触的大量信息远远超出了父母的预期。

我们当中的一些人开始在家庭生活中启用健康的生活方式,诸如定期家庭聚餐或是规律健身这样的好习惯。家庭单位的人数少,变化更灵活,你可以掌控自身健康或是家人的饮食习惯,在小群体范围内,较容易实施限制举措或是与网络世界切断联系。然而在大型组织或是大量人群中却很难这样做,因此在工作环境中保持健康生活习惯比在家里要难得多。

正是由于这个原因,在更广泛的社会背景之下,在政界、商界和大型组织体系中,全面连接的生活方式仿佛不受欢迎的恶习一般蔓延。我曾多次来到位于伦敦威斯敏斯特中心地区詹姆斯国王街的外交与联邦事务部,在那里参加会议。作为外交杰出委员会的一员,我有幸在这里观察现代外交事务,偶尔有机会了解政府公务员制度的内部运作,其堪称伟大的政府发明。

政府在其微观层面推行政策的过程值得探究。我尤其喜爱观察专业特使(大使的大使)的样子,戏剧大师戴维·马梅特(David Mamet)将其称为"背后的男人"。他们在会议期间快速涂写记录，安全通行证则塞在高级衬衫的口袋里，挂绳悬在那里摇摇晃晃。这里充满浓郁的官场气氛，会议厅设计将古典与现代两相结合：由乔治·吉尔伯特·斯科特（George Gilbert Scott）所设计的高耸的天花板和立柱被丑陋的隔板隔开。这样冲突的布局隐喻了古典与现代在现代办公楼中的竞争。当你面对前所未有的压力时，你如何处理这些旧事和日常工作呢？在这里，时间单位不再是世纪或是月，而是以纳秒来计算。

在这些官员们面临的问题当中，如何在这个全面连接的网络中工作，其工作的范畴、数量与节奏才是最令人头晕目眩和担忧的。外事办公室没有空间或时间来考虑、重组和改变其工作的构成，他们的解决方法是，分布国内外 225 个派驻点的 15 000 名工作者必须筛选、搜索并传递大量的信息，与政治家、各地团队、地方组织保持联系，与此同时，他们还接待民众来访，在社交媒体的长时间监督之下工作。我认为，他们的工作表现相当好。

坦白地说，与公民、雇员、股东建立联系和沟通对于很多机构来说都是一件令人头疼的事，也是一件很有意义的事。我们通常希望工作进展迅速，或是尽量迅速，为了保证工作的有效性及高效进行，需要技术与经验，而这往往是大多数人所缺少的。人们越是依赖技术，问题往往就越严重。如果我们登录政府网站或是给政府机构打电话，然后给你的手机供应商致电,感受差不多,你将发现你进入了自动化系统,那里只能找到毫无意义的流水账而已。内容过多,而提供信息的时间过短,空间往往也过小(网站容量有限)。

在社会联系与基本沟通的许多方面,尤其是在政治方面,显现出焦虑和压力的典型症状,表明并非一切都在按照其应有的方式发挥作用。仅就通信故障而言,这种现象虽不普遍但应为这个时代的一些连接中断所产生的最糟糕的副作用负责。尽管监控的级别和为反恐提供的资金持续增加,近年来的恐怖袭击事件,从 2014 年波士顿爆炸案到 2015 年发生在巴黎和布鲁塞尔的恐怖袭击事件,均遭遇了通信故障及中央情报网的巨大漏洞。

除了通信故障,联系中断还有其他的影响吗?安保服务需要增加而不是减少监控设施,但是显然他们在筛选相应信息与情报时力有未逮。诚然,这个案例有些极端,但在良好的社会健康状态下,应保证有效收集各类有效情报,尤其是来自当地危险地区的情报,且信息来源可信。这是打电话无法实现的,良好的社会健康状态意味着可以见微知著,通过小的改变实现大的变革。我非常赞同人类学家兼记者吉莉恩·泰德(Gillian Tett)的观点:"我们可以改变管理时间的准则,或者我们可以停下来思考。"

放眼世界,我们的全球机构因政治原因而工作范围狭窄。这些机构建立于 20 世纪中期,建立者是"二战"之后那一代人，即联合国、欧盟、北约和世界银行。世界卫生组织于"二战"之后自联合国独立出来，它们跟不上新时代的脚步，这绝不是巧合，这些组织无法适应当前这个时代。

不单单较早建立的政府机构和国际组织承受着压力，新一代的决策者们，即明日领袖和选民们也并非都是三思而后行。英国评论员马修·丹科纳（Matthew d'Ancona）说得好："在这速度以纳秒计算的巴别塔中，驱动选民的与其说是原始的道德感，不如说是时间和刺激带来的压力。"我们生活在新世纪初期，可不知为何仍坚守着20世纪中期的成规不放，以下是两个全面连接时代的例子以及为何这样的时代为我们的社会带来了困境。

震惊英国的索厄姆杀人案背后

◎

小说家埃德娜·奥布赖恩（Edna O'Brien）称 8 月是邪恶的月份。2002 年夏天，全英国上下都为两个失踪女孩而忧心忡忡。两个女孩于剑桥郡的索厄姆（Soham）走失，她们的照片日复一日地在电视上滚动播出，报纸首页也登着她俩的照片。霍利·韦尔斯（Holly Wells）和杰茜卡·查普曼（Jessica Chapman）的年龄都是 10 岁，我们从照片中可以看到她们走失时的衣着，两人身穿曼联队队服，照片中，两人肩并肩站在一起，亲密无间，一个面对镜头自信满满，另一个则笑得羞涩。我们认真审视这张照片，解开她们失踪之谜的线索也许就隐藏在那里。

这两个女孩于剑桥郡某县失踪，而该地区周边共有 7 个相邻地区：北部和东北部是林肯郡和诺福克郡，东部是萨福克郡，南部是埃塞克斯郡和赫特福德郡，西部是贝德福德郡和北安普敦郡。剑桥郡的陆地面积不足 4 000 平方英里，两周过去了，两个女孩仍然不知所踪，导致案件不断升级，人们陷入恐慌。

人们之所以找不到这两个女孩，是因为她们都被杀害了。杀人凶手名叫伊恩·亨特利（Ian Huntley），是女孩们学校的看门人。凶手在其家乡亨伯赛德郡的格里姆斯比留有案底和嫌疑人材料，但在当地警方系统中却毫无记载，也就是说，伊恩的社交资料记录显示良好，因此他成功地骗过了媒体和女孩们的家人。大家以为他在积极帮忙搜救，但由于他表现过于积极，引起了心理学专家的怀疑。事实上，两个女孩失踪几个小时后，就已在人们最后见到她们的地方附近遇害了，两个孩子是出去买糖吃的，途中遇到亨特利并接受他的邀请到他家里去，因为亨特利并不是陌生人，因此两人并没产生怀疑，其后发生的事情无人知晓。8 月 17 日，两人的尸体在剑桥郡与诺福克郡交界处被发现，尸体已部分腐烂。

就索厄姆谋杀案而言，警方的社交健康状态不佳且工作不力，没有发现其中的线索并阻止案件发生，有时警方甚至被指责掩盖了真相，在此案中，他们已经掌握了证据，却未认识到其重要性，连点成线。后来警方在询问调查后发现，早在 1999 年，一份警方内部情报已提及亨特利，报告称："此人显然是一名惯犯，并很有可能继续犯案。"为什么亨特利的犯罪模式没有引起重视呢？在没有社交健康模式的情况下，无法将事物的联系放在核心部分，国家警方网络因此而无法有效运行，关于亨特利有可能持续作案的信息未得到有效传播。当凶手申请学校看门人这一工作时，那些重要的警方信息还留在传真机上，人类体系中的人为错误使得这个没有人性的杀人犯有机会行凶。警方配备了计算机化警力，从技术层面来看已全面联网，却在关键处"断网"了，社交健康状态不佳导致了这种情况，另外，组织臃肿、技术蔓延、信息冗杂等问题也暴露无遗。伊恩·亨特利对于年轻女性来讲是个危险人物。

公共机构中的混乱不堪和联系不畅使我们了解到，从警方到政府的社会服务机构因缺乏社交健康状态而运转不灵。2016年夏天，苏格兰法夫郡的两位女子因虐待和伤害幼儿而被捕，其中一名女子两岁的小儿子因此而丧命。社会服务机构根本无法使用我在社交健康定义中概述的准则来运作，它们无法进行联系思考。那么这一切为何会发生？因为我们这个全面连接的社会尚未失灵，我们还无须采取具体措施以确保最糟糕的情况不会发生。全面连接带来的问题及其解决方案随处可见，在大大小小的官僚机构当中，对话不畅带来的混乱比比皆是，大环境中的情况更加糟糕。那么，如何从困境中恢复呢？方法出人意料却行之有效，也就是政治机构常常提起的"总结教训"。

隔离措施

◉

就在 2002 年的那个夏天，霍利·韦尔斯和杰茜卡·查普曼被谋害的那一年夏天，我带我的小女儿安诺舒卡去附近公园的家庭市集玩耍。那里不是那种大型游乐场，只有一些儿童城堡和小摊位，我只是陪我的女儿来这里消磨一日的时光而已。我把她安置在封闭的儿童场地当中，然后就独自把玩我的新玩具——一部手机，那时的智能手机还没有现在这么多功能。如果那部手机足够智能的话，我就可以拿它看看新闻了，那时的地方新闻通篇都是两个失踪女孩的相关报道，私下里，人们一定感到不安了吧。我抬起头来向四周张望，当我回过头时，我发现女儿不见了。

现场的警察非常了不起，立刻采取了行动。他们首先封

第一章 时代困境

锁了我所在的区域,临时而有效地将公园隔离起来。很快他们找到了我那棕色短发和深棕色眼睛的小女儿。我仍然保留着她那时的一张照片,我女儿双手合十,身上的衣服正是那个对我来说仿佛过了几个世纪之久的痛苦时刻所穿的。她穿了一件藏青色T恤衫,下面穿了一条紧身裤,T恤衫上印着一颗大大的银色星星,袖子上印着粉蓝条纹。我们经常记不清自己的孩子穿了什么衣服,但我要感谢上帝让我清楚地记得那天我女儿的衣着。

我的女儿如今已经十几岁了,当我向她谈起那天的经历时,她竟然记得清清楚楚。她回忆起走出游乐区的过程:"因为我想要这样做,虽然我知道我不应该这么做。于是我走到一张长椅旁,等着他们来找我。"我女儿口中的他们就是那些警察,直到现在,我仍无法从那段可怕的经历中释怀。在我疏于看护的那段时间,我女儿的行踪一直在警方掌控之中,警察们寻找我女儿的过程有条不紊、配合有序。我认为我女儿并未走失的关键是,所有她步行可达或被人带走的出口都被堵住了,警方采取的措施本质上是隔离,切断联系。

在埃博拉危机期间,隔离法在西非的应用更为广泛。这里的情况绝不是一个小女孩意外走失那么简单,疾病的传播突破了动物界进入人类社会,管理不善的社会健康状态助长了病毒的传播。前面提到路易丝·卡马诺穿过边境进入塞拉利昂，与此同时在伦敦管制一个公园与管制大量焦虑不安的人并对他们采取隔离措施的情况也大不相同，当埃博拉猖獗且医疗和地理边界的管制几近失控时，解决方案只有一个，那就是一旦病人出现症状就立刻进行隔离。但是由于习俗和迷信，当地人担心身穿白大褂的医生使用巫术，所以许多人藏在家里，并把疾病传播到社区。在埃博拉危机最严重的时候，只有一位非洲领导人（非洲唯一的女性领导人），利比里亚总统埃伦·约翰逊·瑟利夫（Ellen Johnson Sirleaf）勇敢地提出并做到从上午9点到下午6点实施全国范围的宵禁。

最初，该举措受到了世卫组织的质疑并导致利比里亚国内骚动。约翰逊总统承认此举引发了紧张局势，但是隔离措施加上公共卫生意识运动的推动确实大大减缓了埃博拉病毒在该国的传播速度。《纽约时报》评论道："过去几个月里，利比里亚疾病传播发病率快速下降。"总统的举措显然勇敢而正确，当她面临唯一选择时，她关闭了传输网络系统，从而通过交流、管理、直觉等方式想出解决办法并迅速采取行动。

让我们对这两个案例加以比较。索厄姆案件中出现多个系统环节失灵现象，且涉及多个地理区域，警方一贯的消极工作态度可能导致其在工作中表现出惯性懒散，主观能动性的缺乏导致警方没有发现亨特利的性骚扰早期犯罪史。曾有一位年轻女性控告伊恩·亨特利强奸，最终这件事却不了了之，因为警方认为该女子的遭遇某种程度上有其个人原因——该女子自愿和亨特利一起离开夜总会并去了一条小巷。虽然警方在剑桥郡为寻找两个失踪小女孩付出了艰苦的努力，在亨特利的家乡受到其骚扰的年轻女士却遭到了忽视。两地案件之间的直接联系被忽视了，亨特利的犯罪之路没有被警方及时终止，某种意义上反而助长了他的气焰。

在非洲，情况则完全不同，其应对行为决定了结果。政府及时主动地切断了地域之间的联系，并实施隔离措施截断了传播途径。如果伊恩·亨特利的行为也能及时切断，情况又将如何呢？苏格兰儿童保护调查报告指出，警方对于相关数据的收集和分享是不充分的，犯罪分子跨郡作案并没有引起警方的注意。就像路易斯·卡马诺一样，她已接触过埃博拉病毒，对此却没有任何记录，于是她顺利前往其他地区，跨过国境，来到了邻国。

我的一位朋友收养了一名遭受严重虐待的儿童，她告诉我说孩子的父母会定期搬家，这一做法完全是为了掩盖他们虐待儿童后带来的身心变化。一次偶然的机会，孩子以前的老师留意到他竟然转到了几百英里外的学校去上学，于是一系列的工作得以开展，最终解救了这个孩子。连续犯罪者会经常搬家以避免罪行暴露，移动给了他们自由。通过地理分析我们得知，犯罪分子的犯罪范围十分有限，就像伊恩·亨特利一样，实际上他们往往在居住地周边作案，然后将受害人尸体运到别处处理。隔离措施极为重要，却常遭忽视，警方的惯常工作方式应是扩大而不是缩小搜索范围。

万维网的发明人蒂姆·伯纳斯·李评论说，尽管1989年他为欧洲核子研究中心欧洲粒子物理实验室开辟了多种可能性，但很多其他组织都缺乏连通性。网上有许多资料引述他的话，我最关注的不是互联网方面，而是组织管理方面的。他说："所有企业CEO都应该认真关注整个组织中数据连接的问题……大多数组织都缺少将全部数据连接起来的能力。"对于警察或政府部门，数据不仅仅是数据，而且代表着人。大多数组织没有能力将人员、想法、问题和解决方案联系起来，他们并不将数据库视为"人员库"，但也许他们应该这样做。他们认为全面连接是技术使然，然而他们忘记了人类健康的基本系统和结构，也忘记了社交健康：我们如何连接或切断，以便做正确的事情。

现在，他们是时候关注自我健身与健康了，以总结经验教训，并将其用于指导社交健康领域。

第二章

社交健康

社交健康，是指我们在正确的时间与正确的人沟通正确的知识的行为。社交健康的六边形模式则是充分利用管理、沟通和直觉来应对信息肥胖症、时间匮乏、网络过载所带来的挑战的方法。

风靡全球的简·方达健身操

起初我说:"不行,我是演员,这对我的职业生涯不利。"最后我下定决心时说:"哎呀,反正也不会花很长时间,也没什么人会看。"那时还从没有人录过健身视频呢。我已经不记得我是从何时开始意识到,这个小小的健身视频已催生了一个新产业。它开始在女性群体中传播,朋友们则口口相传:"嘿!来看看吧!这确实有效!"随着市场的扩大,录像机逐渐变得物美价廉,我后来才知道,这卷录像带销量已经超过1 700万。

简·方达(Jane Fonda)的健身视频后来成为有史以来

最畅销的家庭录像带。录像带女主人公是一位来自好莱坞表演王国的世界知名女演员,她代表着20世纪70年代美国女性的时尚、乐于尝试、新活力、乐观主义和抱负,引领世界走进美国女权主义的新浪潮。 简·方达本人是一名胸怀坦荡的民主活动家和反越战活动家,人们甚至给她起了个昵称叫"河内简"。此后,她凭借在电影《荣归》(*Coming Home*)中扮演的角色赢得了人生中第一个奥斯卡最佳女主角奖。电影讲述了一个前所未有的爱情故事,一位在越战中受伤而不得不靠轮椅活动的越南老兵返乡后遇到一位年轻妇人,二人之间产生了爱情。同年,简·方达创办了健身工作室,在这之前,所有的健身房里多是汗流浃背的男人,她创办健身房的目的显然是为了资助她和她丈夫的民主政治活动。

  简·方达的"健身房"所提供的课程不仅仅局限于健美操。健美操的概念基于美国空军上校和医生肯尼斯·库珀(Kenneth Cooper)所合作的一项相对较新的健康和健身研究,其著作《新健美操》(*The New Aerobics*)和《健美操之路》(*The Aerobics Way*)影响了方达,也影响了迪斯科这种舞蹈。伴随着比吉斯(Bee Gees)的音乐,到底是军队教官,还是约翰·特拉沃尔塔(John Travolta)在其代表作《周末夜狂热》(*Saturday Night Fever*)中的舞步影响了方达呢?这不得而知。然而,简·方达的健身活动确实与大时代产生了共鸣,不出意外,其后出版业挖掘了她,并在1981年为她出版了她的第一本健身书籍——《简·方达健身法》(Jane Fonda's Workout Book)。该书连续六个月在畅销书排行榜排名第一,此后她又有多部作品问世。

1980年,一个名叫斯图尔特·卡尔(Stuart Karl)的人给简·方达去电。这个人富有魅力,当年曾从加州大学辍学,他曾尝试出版大众类杂志《Spa和桑拿》(Spa & Sauna),该杂志被《纽约时报》评论为"为水床和热水浴缸供应商所办的杂志"。之后,卡尔开始对录像带市场产生兴趣并创办了《录像带商店》(Video Store)杂志,他渐渐确信非娱乐类录像带是存在市场的,以纪录片专访和指南类视频为特色。1980年,他创办了卡尔家庭录像带公司,并因邀请到约翰·列侬(John Lennon)做专访而声名鹊起,他的妻子则因热衷于简·方达的健身录像带而获得灵感,其后这家公司便创造了历史。

短短几个月,简·方达便开启了女性身体健康的新纪元。人们常说成功是因为站在巨人的肩膀上,就方达而言,她可能是在一无所知的情况下站在了一位小女子的肩膀上。这位小巧玲珑的女子名叫艾比·"帕吉"·斯托克顿(Abbys 'Pudgy' Stockton),是一位电话接线员,因担心自己的体重问题,她成为第一位在南加州海滩上与男性一起用哑铃锻炼的女性,而这比大众媒体将方达捧为电影明星竟早了一代人之久。在世界卫生组织将健康定义为"身体、心理和社交健康的综合"两年之后,方达在洛杉矶日落大道上开办了塑形女子沙龙。旧观念经过一段时日或许会再次流行,需要运气、时机,当然还有沟通渠道。

今天整个世界都在随着哥伦比亚舞蹈家和编舞家阿尔韦托·"贝托"·佩雷斯(Alberto 'Beto' Perez)的节拍摇摆。这位舞蹈家偶然发现了他喜爱的舞步,并寻获企业支持,继而将这种舞蹈发展成今天世界最流行的舞蹈健身课程——尊巴舞。尽管在美国每周玩微软游戏机的人数是全世界参与尊巴舞课程人数的十倍,不得不说有1500万人随着萨尔萨舞、嘻哈、默朗格舞和曼波舞的节奏舞动。一篇盛赞尊巴舞的文章这样写道:"就尊巴舞而言,它不仅仅是一种健身方式,而是一场有趣的社交舞会,锻炼则是参与者最大的动力。其音乐快速、乐观且富有感染力,人们会不由自主地舞动。又因为尊巴舞的集体舞性质,使其成为与友人一起健身的最佳方式之一。"

简·方达何以收获大批观众?这归功于她有力挖掘了当代精神。她与观众的联系有赖于技术推动,其健身录像带于1982年推出,而同年《时代》(Time)周刊评出的"年度人物"竟是电脑。科学技术将早已存在的健身活动从公共场所带入家庭。健身已回溯往昔,归为一种包罗万象的精神、身体和情感力量,远远早于方达、斯托克顿,甚至是亚里士多德。

我们的身体与自我

◉

脚趾骨连接到足骨，
足骨连着跟骨，
跟骨连着踝骨，
踝骨连着胫骨，
胫骨连着膝盖骨，
膝盖骨连着股骨，
股骨连着髋骨，
髋骨连着脊梁骨，
脊梁骨连着肩胛骨，
肩胛骨连着颈椎，
颈椎连着头骨，

第二章 社交健康

现在来聆听上帝说什么。

——《骨头歌》(*Dem Bones*)

詹姆斯·韦尔登·约翰逊(James Weldon Johnson)

20世纪70年代,我在伦敦上学。我就读于福音橡树学校,该校位于伦敦北部绿树成荫的汉普斯特德希思地区。在学生们没有硬木书桌之前,我们早上是围坐在木地板上一起歌唱的,那时我们最喜欢的歌就是这首叫作《骨头歌》的黑人灵歌。这首歌最初写于大萧条前的1928年,其后被20世纪那些几乎已被我们遗忘的伟大歌手多次翻唱,如雪莉·凯撒(Shirley Caesar)、金斯曼乐队(the Kingsmen)、列侬姐妹(the Lennon Sisters)、罗丝玛丽·克鲁尼(Rosemary Clooney)及演员乔治(George)等。全世界的每个人似乎都知晓这动人的曲调。

健康的概念是什么?让我们从头开始讲。每个人的身体各不相同,有高有矮,有胖有瘦,肤色各异,有的人属于梨形身材,而有的人则是苹果形身材,有的人身材颀长,而有的人则丰腴富态。我们常用健全或残疾等字眼来形容他人,可见健康的措辞及含义均围绕身体展开,无论其身形高矮胖瘦。每一个人都似雪花一般独特,借助生物、历史、地理和人文联系在一起,当然也通过血液与骨骼相连。

《骨头歌》令我想起了一本名为《滑稽骨骼》(*Funny Bones*)

的儿童书，书中的骷髅们会在夜间出来玩耍，而骨头们的动作却不协调。这古怪之处使故事变得滑稽，然而孩子们的笑声中总带着一丝焦虑，因为骨头本应彼此相连，而不是彼此独立摆动，这意味着骨折。即使是幼小的孩子也明白，折断粉碎是不正常的，代表疼痛和需要修补。

我喜爱骨骼相连的躯体，可以用来生动比喻健康连接的网络。这种成为整体一部分的渴望既古老又自然，不仅限于与我们自身相关的身心或宗教方面，而且涵盖我们的社会和集体，如家庭、村庄和社区。

我们渴望归属感，愿意成为集体的一员，但同时我们也极力避免损伤。用于描述身体的措辞也往往适用于描述社会，如"破裂"将导致战争。描述系统崩溃的方式与描述血崩类似，汽车机械系统出现故障叫作失灵，这与描述精神错乱有相通之处，如果某组织运转不良，则也属于发生错乱。类似表达比比皆是，比如电脑遭到恶意攻击称为"中毒"。

我此前描述的社交健康是关乎我们应如何在这个充满联系和敌对的社会中做好身心两方面的应对，其方法正如我们关心自身身心健康和形体健美一样。但是取得社交健康与减肥或提升身体健康状态并不完全一样，其全面性远远超过身体健康领域，其核心在于归属感与完整性，正如那些富有教育意义的儿童读物所展示的一般。虽然联系和社交似乎已全面被电子方式所绑架，但这种情况与其说是色拉布和照片墙这样的软件造成的,不如说与你相识的人有关,与你是否感觉与人存在联系有关,与和他人失联或遭抛弃这样糟糕的情况有关。作家约翰·哈里(Johann Hari)主张:"成瘾的对立面不是清醒,而是联系。"

皮克斯电影《玩具总动员2》(*Toy Story 2*)中有一个著名场景:善良的、又瘦又高的布娃娃牛仔英雄伍迪在他小主人安迪离开时意外被弄坏了手臂,当男孩冲进来抓起他心爱的玩具时,立刻注意到这条手臂,"哦,"他缓慢而悲伤地说,"你坏掉了。"然后是一个令人难以置信的场景,男孩将他一度心爱的伍迪扔进了垃圾箱。对伍迪来说,这简直就是一场噩梦,醒来时要面对已经被抛弃这个事实,从此他被放在安迪卧室最高处的架子上,同另一个布满尘土的玩具企鹅摆放在一起。电影的主题是被爱过又被抛弃带来的痛苦。除却这部动画三部曲的剧本和笑话之外,其亮点在于设定了玩具具有感情并团结一致的前提,这些玩具创建了不可思议的联盟,并修补彼此的破碎心情。

压力的利用与滥用

考古学家指出,自 7 万年前我们开始开发利用食物和发展稳定的社会体系起,我们的身体就因这些工作而出现劳损,从古代的骷髅骨骼可看到疝气和关节炎迹象。有些人认为压力或许有益,可以成为激励我们的因素,但压力一旦与焦虑结合,则毫无助益。随着技术、速度、节奏和联系的不断发展,压力也随之增加,欧洲一项关于工作压力的研究发现:"最显著的风险因素与工作负担、工作量、工作紧张程度、工作时长相关。"[1] 年轻人,特别是千禧一代,因资本主

---

[1] 2015 年欧盟委员会发布《关于通过沟通应对和预防慢性疾病的概括性研究:最终报告》(Scoping Study on Communications to Address and Prevent Chronic Diseases: Final Report)显示 2013 年欧盟职业安全与健康项目的调研结果,有 50% 以上的工作者在承受工作压力。——原注

义的后期局限而受到影响,压力巨大,其压力或远不止工作压力。他们不得不匆匆忙忙,却回报甚微。

只要有机会,我便乐于与人们交谈,等公车时、搭出租车时、排队时或购物时,这是一个快速了解世界的好方法(我天生友好)。我开始和一位商店里为我打包的年轻女子聊天,我问她是不是学生。"不,但这不是我唯一的工作,我有两份工作,两份都是兼职,我希望能只做一份就好了。"我在她的青春美貌背后感受到忧虑和压力的迹象,超负荷工作的迹象。出生于1986年的作家劳里·彭尼(Laurie Penny)说:"焦虑已成为我们这一代人的决定性障碍。我自己的焦虑与我的智能手机、我的紧身牛仔裤一样,是千禧一代的配饰。"

如果看不到破损,又将如何修补它?这句话适用于心理健康领域,也适用于系统内部损伤,以及地方性疾病。骨折可能发生在骨骼变弱的部位,很有可能是由骨质疏松症导致的。究竟是什么原因导致世界卫生组织削弱了对埃博拉病毒危机的观察和响应,以致其不得不承认,当时的做法是不恰当的?阿希什·杰哈(Ashish Jha)称:"最过分的是世界卫生组织警示时间过晚。"这位哈佛全球卫生研究所所长,哈佛大学医学院教授在报告中评估了此次危机涉及的各项系统崩溃:"世卫组织已知埃博拉疫情春季时已失去控制,然而却直到8月才发布疫情紧急警示……这是多么令人扼腕的时间损失啊。"

社交失败往往是因为事情发展得很缓慢,压力多半源自时间缺乏及与之相伴的匆忙。我想知道,是否世界各地跑步和骑自行车锻炼的流行、马拉松的开展和自行车销量的飙升都在隐喻我们当下生活的紧迫感,映射出这个社会谋求飞速发展的迫切心情。运动、敏捷、速度,这些均可隐喻我们对成功的渴求,也成了一种社会生存模式。

社交健康源自对个体身体健康的定义,但我以此来比喻诸如机构和组织一类更大的范畴。"Corporate"一词源自拉丁语,指代身体这个整体,我们的身体需要营养、塑形和投资,甚至是治疗,然后才会有回报。以健康为喻来描绘我们的联系网络,特别是通过健身来隐喻我们对它的态度变化,使得我们可以通过想象其步骤、同步、模式和配置不断前行,既富有意义也富有成效。

利用学习技术和改变具体行为,是心理和组织构成身心健康和体态健美的核心所在。投资健康的途径之一就是去健身房,今天,健身房和健身课程已成为我们生活中的一部分,是我们保持健康的妙招,健康意识已深植于现代文化因素当中。① 截至 2020 年,全球运动服和休闲服销售额预计将达 1600 亿美元,包括大量田径服、训练鞋、瑜伽服和运动

---

① 摩根·士丹利(Morgan Stanley)于2015年10月30日发表的报告称:"运动服装和鞋类的销售额在短短七年内上升至2700亿美元,预计在未来五年内将再增长30%。运动生活方式使服装销售态势良好。"——原注

文胸等。我们将健康理念穿在身上，此举可传达一种信号，即我们拥有健康。

在当代，城市人群非常重视健康和健身，该产业产值已达到3.4万亿美元。这一数字来自全球健康研究所，涵盖所有健康产业产值，如工作健身、spa及新兴的盛行于阿拉伯联合酋长国的健康旅游项目，其中5 000亿美元（约占总值三分之一）来自"健康饮食、营养及减肥"市场和"身心健康"市场。在意大利，一位名叫内里奥·亚历山德里（Nerio Alessandri）的人赢得了"健身房拿破仑"的称号，他创办了健身器材巨头——泰诺健（Technogym），为全球健康产值做出卓越贡献，其营业额预计到2020年将达到77亿英镑。如果这些数据令你吃惊的话，那么这向你传达了世界对健康及健美市场的重视程度，并揭示了该市场与其他产业的关系。换句话说，该市场令全球军费开支相形见绌，根据国际特赦组织的报告，武器市场在短短10年内增长了50%，产值达到1.7万亿美元。

当然，统计数据可能与实际情况存在偏差。我能想象全球健康研究所是如何去迎合产品和服务供应商并提供了夸大的数字的，但这些数据并非毫无根据。然而，健康市场的有趣之处并非在于其创办人和投资人数量，也不在于其市场规模，而在于其活跃度和参与度。消费者不会坐在沙发上参与此类消费，他们需要活跃参与，人们健身并随之而动，这一点看看简·方达的健身产品销量就能够了解了。休闲服销售也扩大了市场容量,其销量可能并未被完全计入,人们参与健身课程前,需准备运动服,至少这意味着人们从心态上做好了准备,接下来就是艰苦锻炼了。

泰诺健的报告称,其女性顾客比例自20世纪80年代后期的15%增至今天的近60%,就健身而言,女性知道如何参与转型、变革和运动。然而,最初参与健身运动的显然是男性,历史学家埃里克·查理恩(Eric Chaline)在他的历史著作《完美庙宇》(*The Temple of Perfection*)一书中研究健身发展史时涉及古希腊和近3 000年前男性奥林匹克运动会的起源,那时,运动与裸体男性紧密相关,若直译希腊语中"gymnazien"一词,其意为裸体运动。

回到古希腊,那时的男人们敬仰神灵且不断在同性群体中完善自我(以及彼此),除此之外,他们相当重视健美、健康和幸福,并认为三者彼此联系。据查理恩的描述,古希腊大师们在体育场馆中的经历最贴近古代的高等教育,哲学家和智者们来到体育场馆锻炼身体,然后在那里或是树下探讨学问。亚里士多德于公元4世纪办学并提出"德性"的观念,其含义为通过身体健美、道德优秀、社交良好和智力修养获得最佳状态和幸福潜能。今时今日,接近自恋的健康观念与专注全面幸福感的德性观念相结合,折射出古希腊的健身模式及神秘的希波克拉底超前于现代西方医药的幽默概念,我们逐渐回归将健美、健康和幸福三者结合在一起的观念,可以说这是自亚里士多德以来从未出现的。

就建立身心之间的联系而言,健身房在许多方面与体育馆不同。我成为本地健身房会员近十年后,才有一位勇敢的成员受到英国2016年就其欧盟成员国身份问题举行全民公投的启发,在那里创建了清谈沙龙。文化方面,现代健身房尚未形成任何社交体系或引发相关研究,它仍是形体完美的殿堂,而非身心及社会的联系场所。这不禁令人惋惜。在健身房内成立社交健康俱乐部似乎是其最自然的发展方向,正好与共用工作空间的兴起相呼应。对于新一代企业家来说,极为重视联谊活动的共用工作空间,这是极为重要的卖点,尤其适合那些单打独斗的创业者,当每个个体的个性威胁到社区时,社交健康与身体及情感健康就共同构成了根本要求。

饮食、健身和养生法是实现整体健康观念的良好基准,不仅仅是因为其存在积极的一面,还因其有良好的可预防性。如果忽略社交健康,即我们的关系和网络健康,我们会付出什么代价呢?我们又该如何分配并度过在它们身上花费的时间才能够达到"德性"精神呢?

爱好带来幸福感

我们先养成习惯，然后由习惯来塑造我们。

——约翰·德赖登（John Dryden）

我四十多岁时，肺炎康复后面临生活方式的改变，这对我来说并不陌生。多数刚生过孩子的女性购置新装时往往需要买大一个或几个尺码，我对健康饮食认知不多，我只知道需要节食，却不了解如何均衡营养，但我知道若要获得身心健康，了解相关知识是必要的，因此我决定求助，并因此结识了金杰·科克勒姆（Ginger Cockerham）这位了不起的专业人士。此后，金杰通过电话对我进行指导，并非是我没有时间见面，而是我们之间相隔7 000英里。那时还没有网络电话，于是我和远在得克萨斯州的金杰会进行50分钟的电话通话。金杰教我认真对待自己，她与我谈话的方式让我感觉自己不是一个卑微的企业家，而是一名伟大企业的领导者。她向我解释我为什么需要过程、模式和技术来应对挑战并告诉我怎么做，在她的帮助下，我不再做那些我不太擅长的事情，而是专注于她所谓的"最值得做的事"，去做那些我最擅长的工作而把剩下的工作分配给他人。10年后，在我即将迎来50岁并进入准更年期时，我利用金杰的方法解决了一个比平衡工作和生活更难的问题，即定期进行体育锻炼，我很快意识到我的极端悲观倾向。

  在健身房里，我手握一张白色卡片，上面是我那性格开朗的健身教练为我设计的健身方案。我绕着那些闪闪发光的机器走来走去，心里空茫一片，感觉自己注定要失败。我知道自己缺乏意志力，这时我想起了金杰的建议，将那张卡片扔到了一边，我决定听从自我，而不是他人制定的规则和命令。我开始设计自己的锻炼计划，挑选令我感觉精力充沛的健身器材，尽管因健身而满身汗水，我却是在享受健身而不是在忍受折磨。我理解意志力同精力一样是有限资源[①]，结果如何？我最终形成了自我锻炼的规律：每周三次，每次快速

---

① "自我耗尽"的概念存在已久，指的是意志力存在限值。——原注

完成有氧锻炼20分钟以消耗体脂。

亚里士多德还创造了另一个词来描述良好的生活状态，即一种完全的生活满足感，叫作"eudaimonia"，最佳的解释是"人类繁荣"，社会学家和统计学家则称之为"幸福"。幸福没有确切的定义，无所不包。经合组织对幸福的定义涵盖十个不同的方面："实际收入、教育、寿命、平均身高、人身安全、政治、环境、收入平等、性别平等，以及以人均国内生产总值（GDP）形式衡量经济增长。"这些干巴巴的幸福衡量标准很难让人想象个人行为与其有何关系，我的经验表明，需要依靠个体意识和直觉才能养成带来幸福感的好习惯。

生存与幸福

在世界卫生组织成立的七十多年间（经合组织在世卫组织成立15年后宣告成立），我们开始研究如何改善我们的生存、生活方式和环境。因为我们不仅要生存，还要繁荣。仅就健康而言，1946年那一天提出的重大问题并未涉及如何通过个性化癌症治疗延长曼哈顿居民的寿命，也未涉及新加坡的微创手术，未涉及在孟加拉农村种植富含维生素A的蔬菜以预防儿童夜盲症。① 就在不久前,我们的出生率和死亡率都很高,因为那时我们对幸福毫无概念,当时的医学水平也不高。"一战"后不久就爆发了西班牙流感,疫情发生时距离抗生素的发现还有不到十年时间。西班牙流感在1918年至1919年间造成的死亡比"二战"期间的死亡人口还多,这种疾病在人与人之间通过呼吸传播,最终导致约1亿人死亡。西班牙流感仍然是有记录以来最具破坏性的流行病,但本不该如此致命,在此之前的感染人口死亡率不到0.1%。此病菌不像中世纪老鼠传播的黑死病那样致命,黑死病在1347年至1352年间曾造成多达2亿人死亡,由携带耶尔森氏菌的跳蚤在老鼠之间传播,而当时的社会几乎没有任何卫生条件。

回顾1918年至1919年的西班牙流感大流行,可以看到当时的条件,即社会福利条件非常缺乏,导致情况恶化,死亡率因此而跃升至2.5%。许多感染此病的人身体状况不佳,特别是由战争导致的虚弱的人。许多参军的人身体羸弱,并不适合打仗。工人阶级生活的严峻性对欧洲新军造成了影响,19世纪60年代,近30%志愿入伍的英国陆军应征者因

---

① 诺贝尔奖获得者穆罕默德·尤努斯博士(Dr. Muhammad Yunus)是微型金融孟加拉格莱珉银行创始人,联合食品集团达能食品公司组建了格莱珉达能公司这家社会企业,提供价格合理的富含维生素A的强化酸奶,该配方有助于消除孟加拉农村地区贫困人口因缺乏维生素A导致的夜盲症。——原注

身体条件不达标而遭到拒绝。①

　　引入社交因素后，健康领域随之发生了变化。根据自古以来的认知，健康应为人们所需的整体良好状态，良好的教育、卫生条件、就业和医疗。然而今天健康概念的发展则需要我们积极有效地尝试新的适应技巧，从而在生存基础之上茁壮成长。我们身边广泛存在的社交手段包括不间断联系、新技术、海量信息、选择、截止日期和竞争，这都意味着我们迫切需要养成一些新习惯。

　　我最喜欢的笑话之一是心理医生和病人之间的交谈。"你真的想改变吗？""当然！"病人愤怒地回答，"我是一个灯泡，我一心想要改变。"人类是为了进化、适应和改变而存在的。

均衡行为

　　健康，以及社交健康，一部分是指连接、归属感而非脱离系统，同时也指实现并保持平衡，这些都是有效健康状态

---

① 在1917年和1918年招募的250万名新兵中，体检后发现超过40%的人"无法进行重体力劳动"。每9名新兵中只有3名身体强健。战后（而非战前）福利改革最终得以快速推进。参见乔治·罗伯（George Robb）《英国文化与第一次世界大战》（*British Culture and the First World War*）。——原注

第二章 社交健康

的核心内容。运动和健身文化历史学家埃里克·查理恩在他的健身房发展史研究著作中写道,古代中国、希腊和印度等文明古国文化,均将健康视为各种能量和基本物质的平衡与顺畅流动,疾病则是由于平衡失调造成的。目前,企业语言中用于描述这种状态的最常见词汇是"恢复力",因为对全面健康的追求不仅限于个人,也包括企业。幸福生活是人们的主流认知,而正念则普遍存在于商业圈中。但我们的生活并不总是处于平衡状态,自然界长存变数,从海啸到商业动荡,我们的生活也存在被全面颠覆的概率。曾做过商人的哲学家纳西姆·尼古拉斯·塔勒布将这种现象称为"黑天鹅现象",其特征是出人意料,理论上存在,事前认为不太可能发生的事,结果却出人意料地发生了。[1] 此类变数令我们的生活失衡,引发经济地震的次贷危机,或由于汽车、电视和制糖业等综合因素造成的肥胖危机,都是意想不到的后果。

网络科学清楚地揭示出其内在随机模式与高度预测体系紧密相关,同时并存。一项关于青少年性传播疾病方式的研究表明,总有一些人与圈外人发生性关系从而造成网络传播

---

[1] 纳西姆·尼古拉斯·塔勒布的预见性研究针对如社会管理者未能缜密思考将会产生何种情况,其著作发表时恰逢2008年经济危机,著作名为《黑天鹅:如何应对不可知的未来》(*The Black Swan: The Impact of the Highly Improbable*)。——原注

效应①的扩大,这也是为什么警方会谈论有人"脱网",他们的意思是犯罪模式因不确定因素的存在而模糊不清。

对于大多数人来说,不确定性和意外并不多见,但职场经理的此类经历更多。社交健康要求我们将适应性和灵活性作为生存的核心原则,风浪来时保持平衡需要技术。2006年南亚海啸的一位幸存者讲述了他的经历,这对我们有指导意义。他乘坐一艘小渔船出海,并幸运地与一位船长同船,"船长根据大家的体重和身高安排座位并告诉大家一定要牢牢抓住小船。这时海上突然风浪大作,海啸来了,令人惊喜的是,船并没有进水,也没有人落水。船长救了大家。"我们每个人都是自己命运的船长。

行为塑造行动,因此相对于枯燥的理论,我对行为更感兴趣。我们都明白行为是对刺激做出的反应,英语中"behaviour"一词源自中世纪末期,意为以某种状态拥有自我,并借此描述"行为模式"。

有了模式,形状本身就充当了运动或动作的隐喻,它可以带来联动和互动,环环相扣。以柱形或金字塔类垂直物体

---

① 社会学家查尔斯·卡杜申(Charles Kadushin)是社会网络分析的先驱,他进行了一个以某社区青少年性病流行情况为研究对象的案例研究,成为利用社会测量技术分析社交网络和公共健康之间联系的早期典范,特别是社会影响因素对于可罹患和传播类疾病的重要性。参见查尔斯·卡杜申所著的《了解社交网络:理论、概念和发现》(*Understanding Social Networks: Theories, Concepts and Findings*)。——原注

为喻并不理想,因为这些形状适于反映层级结构和与之相联系的筒仓结构,正如人类学家和记者吉莉安·泰德所提示的那样:"筒仓思维可能导致组织中出现错误。"筒仓一词不但指代实体组织或部门组织,也可以指代一种心理状态,筒仓思维存在于结构当中,也存在于我们的心理活动和社交群体中。这种思维方式会催生部落主义,也使得人们视野狭窄。

当我们需要做出行为改变时,特别是停止某种行为时,我们当中许多人都过于乐观,这很奇怪。我们习惯于认为事情将比我们想象的乐观,或者至少没有那么差,又或者我们将是幸运儿,因为这种乐观倾向,我们会盲目冒险,如开车、喝酒、抽烟等。现在食品安全问题日益严峻,已经蔓延到香肠、全麦面包或是含有面筋的食品,任何住在空气污染程度上升到历史高值的城市中的都市人都能感受到日常生活中的危险。但是乐观倾向依旧存在,这导致当我们需要做出改变时,我们却无法自拔,固执而不情愿去改变,我们甚至会将自己的行为合理化,继续做那些对自己和他人不利的事情。

在我第二次因为驾驶技术糟糕而不得不去上课时,我终于意识到自己的乐观倾向多么严重。某天早晨,我们30个来自不同行业的人集中在一间旅馆房间里度过了3个小时,那里温度很高且铺着图案丑陋的地毯。在那里我们意识到我们属于同一类人,即乐观地认为我们在违章驾驶时比别人的驾驶技术更高超,其他人都是糟糕的驾驶员。

改变行为和降低风险的另一障碍是社会认同。"羊群效应"的特征是趋同性,其影响从大规模的青少年歇斯底里的行为到小规模的奇异行为都有所包含。作为研究社会认同的专家,同时也是心理学和市场营销学教授的罗伯特·恰尔迪尼(Robert Cialdini)注意到报纸上关于自杀事件报道引发模仿行为的相似度。如报道中是单人自杀事件,则单人自杀者增多;如报道中死亡人数为多人,同时有自杀和谋杀,则模仿者亦如此。

进行任何类型的改变都需要形成新习惯和树立新方法。有些人认为可以在短短两周内改变行为,但是还有人认为这需要更长时间,从66天到两年不等。[①]事实上,正如我定义社交健康原则那样,保持活动、思维和联系的平衡将有助于提升幸福感和生产力,且必须身处接受新习惯的文化氛围当中。

人类需要大量实践。在适应物理变化和速度方面,我们经常被许多其他物种击败,如极为普通的蜥蜴。蜥蜴属于四足动物总纲的爬行动物,种类超过6 000种,其数量与世界上每秒发布的推文量大致相同。[②]但事实证明,我们无法学

[①] 2009年伦敦大学学院研究发现形成新习惯平均需要66天。——原注
[②] 2013年推特的增长速度惊人,当年每秒发布6 000条推文,年发布2 000亿条推文,每天发布5亿条推文,而2010年每天发布推文数量仅为2 500万条。——原注

会其极具适应性的进化技巧,但通过借鉴,可能会使我们努力适应技术变革的程度更佳。15年时间过于短暂,远不足以计量任何一个大纪元,而得克萨斯州奥斯汀大学的科学家们注意到,原产于得克萨斯州的绿色卡罗莱纳州变色龙只繁育了20代就进化出不同的脚趾垫,以便它们可以比竞争对手棕色变色龙更好地抓住树木。研究人员认为这种进化速度令人惊讶,蜥蜴在短时间内完成了"特征替换",这些蜥蜴已高速适应环境,以保证它们在环境中的优越性。[①]

从人类的角度来说,记忆可看作蜥蜴脚趾垫一样的东西。我们需要记忆力来生存,同时希望增强其适应性并增加其容量。但在人类社会中,我们只能依靠电子方式大幅提升记忆力。笔记本电脑内存或随机存取存储器可以有约32GB容量,位于我们大脑的海马体的记忆区却无法与之匹敌。人类大脑运行速度最多能达到40Hz,这也解释了为什么计算机屏幕存在刷新的速度上限,为了能让大脑更有效地存储记忆并有效检索,我们能做的不多,而且无法从根本上增加我们的大脑容量。这就好比寿命,我们可以延长寿命,它带来了一系列挑战,但我们无法长生不老。

我们不是蜥蜴。对于现代社会令人陶醉、令人兴奋和惊

---

① 2014年10月23日发布的UT新闻称佛罗里达州的蜥蜴进化迅速,15年内完成了20代更迭。——原注

人的技术加速，我们必须借助外物来生存，因为我们的身体已经超过 20 万年未发生变化了。这使我们更紧密地与我们无法掌控的事物（即计算机技术）紧紧联系起来。这种做法未必健康，过度依赖鲜少是好事。

我来换一种表达方式。到 2016 年，人们每天花费在脸书上的时间平均为 50 分钟，或者一天工作时间的十六分之一。与此同时，英国民众每天花在各种设备、社交媒体以及因特网上的时间已经达到了 2.51 个小时，占到了工作时间的三分之一。这至少相当于某种程度上的脚趾垫演化吧！然而，事实上，我们只是用自己的手指头不停地在那点点点。毕竟，熟能生巧嘛！

模式管理，对于促进习惯改变大有裨益。模式有助于我们尽可能减少注意力分散，并持之以恒。社交健康的模式可比作一种特殊形状：六边形。

社交健康六边形

六边形思考法

> 蜜蜂……从不依次筑巢,而是同时推进;某种程度上,它们可以判断所筑造球体或圆柱体之间的距离,可保证完成时自然相交并形成扁平的中间墙。这需要在六边形构造中进行完美距离的判断。
>
> ——查尔斯·达尔文(Charles Darwin)

正如查尔斯·达尔文所说的那样,事实证明,欧洲蜜蜂,即普通蜜蜂,是最有效、最有组织性和最具社交性的物种之一。蜜蜂所处的模式管理体系令地球上的建筑师和结构工程师都羡慕无比，蜜蜂用特有方式来处理它们的日常生活和业务，它们极为高效，并且强烈依赖于其领导（蜂后）和社区（蜂巢）。对蜜蜂智慧的研究表明，蜜蜂"构造出了一个伟大的社会，如有人认为我们没有什么可以向它们学习，这无异于狂妄自大"。

如果人类的一切都很完美，那我们就没有谈论蜜蜂的必要了。我们应该通过推理和使用权力这两项非常人性的价值观在我们的体系、社区模式和领导力方面实现繁荣的和平局面，推动社会进化。我们已经确信现代生活没那么健康，并且它似乎没有尽可能地以有组织、有协作或联合的方式运作。现代生活的硬件设计主要是以建筑的形式和结构存在于我们周围，20世纪伟大的建筑师，弗兰克·劳埃德·赖特（Frank Lloyd Wright）在公众心目中树立了这样一种观念，即建筑物需要成为服务和反映人类价值的空间。伟大的设计工程师塞西尔·巴尔蒙德（Cecil Balmond）用以下术语谈论模式：

> 首先找到一个模式，并在不同的相邻连接体中反复使用该模式。表面上似乎是随机模式，但它会逐渐覆盖整个平面。在保持感觉相同的同时具有不同的能力，要实现模式的自相似性，这是所必需的。复制"网络"，而不是采用固定模式。

因此，为了提供社交健康的思维模式，不仅要使用文字，还要使用形状。最常见的形状是圆，比如我们谈论"社交圈"，举行"圆桌会议"，我们在房间或小组中"周旋"。但我更喜欢使用六边形作为社交健康及其模式的模型。我从大自然中汲取灵感，这个六边的二维几何图形在自然界中很常见，从雪花到形成爱尔兰巨人堤道的火山岩柱，到六边形社交健康的代表物种蜜蜂。当谈到雪花时，雪晶首先在简单的六棱柱中生长，然后才形成分支。雪花的美丽在于其对称性，也在于其差别，尽管开始模式相同，但从未有两片雪花是完全相同的。蜜蜂的相互协作和智能社会产业模式使其成为社交健康的六边形的最佳范例。查尔斯·达尔文花了很多时间观察蜜蜂，蜜蜂对生态系统所具有的价值现在被视为人类物种生存的基础。蜜蜂生活、工作和储存蜂蜜的地方就是其六边形的蜂巢，对我来说，之所以决定使用六边形作为社交健康模型而不是金字塔形或圆形，是因为科学家现在知道蜂窝的原始设计实际上是以圆形开始，借由蜂蜜的热量压扁并硬化为六边形并固定下来。

传统的"社群图"（sociogram）通过可视化的方式映射人际关系，是现代社会网络分析的原型，此法使用线条而非圆形来衡量"关系"的强度、长度和厚度。[1] 我们看待现代

---

[1] 根据维基百科的说法，"社群图是人所拥有的社会联系的图形表示，是绘制群体情境中人际关系结构的图表"。——原注

联系的方式，无论是对于文化还是流行病学，必须对所有事物进行映射并使其具有视觉效果，以便我们能够理解模式，并亲眼看看事物是如何联系的。正是奥地利裔美国精神病学家和心理学家雅各布·L.莫雷诺（Jacob L.Moreno）开创了他所谓的"社会科学"（The science of society）研究，并首创了20世纪30年代的社群图。社会图谱可以帮助我们绘制地形图，而网络又与地图、距离和旅程有关。作家A.A.吉尔（A. A. Gill）说得好："当你造访某座城市时，你希望能尽快习惯，制定模式，获得可预测性。"我找到欧洲工商管理学院埃米尼亚·伊瓦拉（Herminia Ibarra）教授开发的一个工具，可直观地绘制出交际影响力图，可通过模式了解你的行为，你的交际网络中关注的对象，以及你的联络人从何而来。（见图2.1）

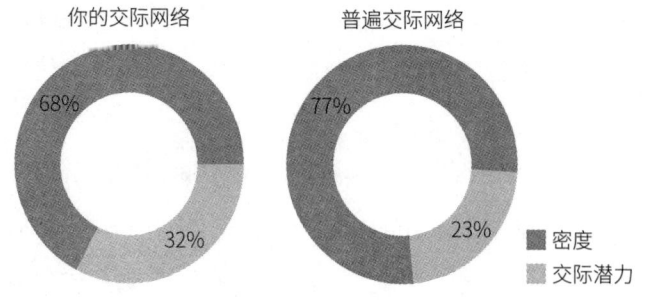

图2.1 你的网络联系能力如何？

©埃米尼亚·伊瓦拉 2016

交际联系能力用以指代在个人交际网络外为无交集的人与群体建立联系的能力。该能力有助于你的外在发展和内在提升。

在所处行业内，如果目前联系人彼此相识的比例超过50%~60%，则说明外在影响力低下。高度闭合的人际网络意味着在圈外消耗时间减少，一段时间后新信息将减少进入。为提升人际关系圈联系能力，应考虑以下两方面：

- 目前你所处的交际圈中的人是否能因彼此相识而获益？列出你愿意介绍彼此认识的人。
- 目前你所处的交际圈中是否有人愿意介绍你与他人认识？列出你已了解的人并列出你愿意让他们介绍你认识的人。

回到六边形话题，我们来了解一下利用六边形观察社交健康模型的作用。古代伊斯兰艺术及其传统书法和阿拉伯式花纹中突出显示相互连接的六边形，反映出其关于逻辑的内在联系的古老概念。艺术和设计对六边形的描绘与自然及其模式相联系，在手工艺拼接作品里，六边形图案的广泛使用可以追溯到12世纪，而21世纪最难以理解的编码技术中也存在六边形结构。最近，来自西班牙、美国、荷兰、加拿大和约旦的一个名为"社会建筑师"的设计师联盟设计了名为"The Hex"的六边形移动房屋供难民居住。这些40平方米的单元可以以适当方式简单相邻排列，其连接处的共用墙壁可增强保温性能。

数字"6"也广泛存在于流行病学研究当中。疾病传播第一阶段往往用时6个星期时间，如HIV病毒需要6周时间在体内扎根。在1918年的疾病大流行时期，2月至4月的6周内，纽约市的病人迎来死亡高峰期。杰里米·法拉尔（Jeremy Farrar），作为世界上最大的医疗慈善机构之一——惠康基金会的主管，用了为期6周时间来控制新出现的流行病。

人们很容易认为六边形的灵感来自著名"小世界理论"中的"六度分离理论"，该理论推广了联系的概念，但事实并非如此。作为符号，"6"是一个重要的数字，这个数字的六边形结构可以帮助我们构建结构和模式，在我们试图改善人际联系状况时，使我们能够更容易地记住它（参见图2.2）。

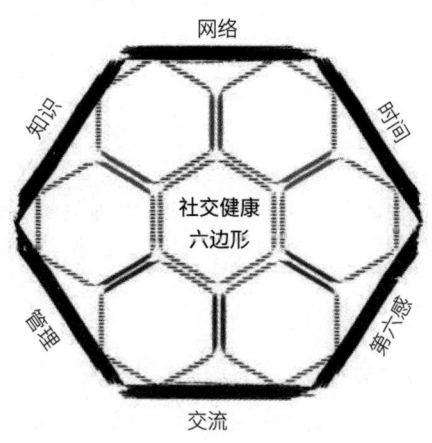

图 2.2 社交健康六边形

@朱莉娅·霍布斯鲍姆 2016

第二章 社交健康

本书上一章提到六种缺乏社交健康的现象，即信息肥胖症、时间匮乏、技术发福、网络过载、组织臃肿和生活困局，社交健康的六边形包括的相互联系的健康六要素，共同纠正交际联系功能障碍。还记得安诺舒卡、埃伦、霍利和杰茜卡的故事吗？还有埃博拉的传播？或者你自己的超载经历？我们多数人都知道如何更好地控制饮食、加强营养、增强体育锻炼和保障心理健康来确定如何行动，但在社交健康方面没有明显模式供我们了解与谁联系、联系频率，以及我们该如何对抗超载。

症结与对策

六边形顶部三条边代表的是症结，代表掌控社交健康状态时常带来困扰的三个核心因素：知识、网络和时间。我们需要对其进行破解、简化和澄清，要克服信息冗余、网络过载和时间匮乏，就要应对这三个构成六边形社交健康的重要DNA组件。

每个症结元素均为我看待这个超载时代所面临挑战和创造性解决方案的固有方式。知识、网络和时间贯穿我们生活的始终，如何充分应对是个挑战。没有知识你将寸步难行，你无法在没有知识的情况下运作，没有导游或领路人难以找到出路，就如同在尼亚加拉大瀑布中试图找回你丢失的相机一般，浪涛滚滚瞬间无影无踪。时间匮乏和多线程工作带来的压力与每个现代工作者如影随形，社会似乎越来越倾向于时间可以节省，似乎在向我们强调大多数人在这个超载时代既无法存活也不能茁壮成长。最后是网络。当然，现代生活完全取决于旅行、通信和基础设施，我们对待网络的态度倾向于理所当然，只有在网络发生故障或陷入困境时才会引起我们的注意。至于人际网络，我们任由我们的人际网络纠缠不清，忽视它的存在，就像逐渐充满胆固醇的动脉一般。通常，我们的个人或专业网络都是不足或过时的，缺乏以任何系统的方式创建、培育或管理，数据库成了数据的坟墓，而不是以人为本，生动地记录人际关系。

能在信息的海洋和河流中自由遨游，拾取有用可信的评论或新闻，过滤浮渣和忽略噪音，创建可跨越这些河流的桥梁网络，并深潜入信息之河，沉着有序且远离超载，这些都是良好的社交健康的基石。知识、网络和时间的结合是我们的脚手架，如果我们拥有一个专注于这三要素的系统，我们就可以开始满足自身需求。

然而，基石需要基础。必须先奠定基础，基础由价值观、态度和行为共同构成。我们需要三个应对机制来帮助解开症结，这三个机制即管理、沟通和第六感。

管　理

管理大师彼得·德鲁克（Peter Drucker）于1946年撰写了一篇开创性论文，同年联合国首次提议建立世界卫生组织。在《公司的概念》(*The Concept of the Corporation*)这本书中，德鲁克认为不断改变的社会价值观和知识工作者的持续增多都要求人们重点关注组织结构，组织不仅仅是经济体系，同时也是社交体系。管理是由生产力理念主导的。我向世界卫生组织提出的社交健康定义是：社交健康本身是通过个人和组织能够获得足够的知识和应用网络，有效管理时间并均衡利用知识和网络，最终获得蓬勃发展。拥有社交健康的人可以将人际关系与技术相结合，工作起来游刃有余，提高生产效率。

拥有社交健康可以提高生产效率。我们都在努力提高生产力，如果你愿意，可以使用枯燥的经济术语"输出"来形容它，或称之为创造力。但其意义在于，这将产生你或其他人喜欢的结果。多年来，正如我在引言中指出的那样，生产力一直处于低迷状态，即使你对我们衡量生产力的方式提出质疑，我们也知道压力超载会使其减缓而不是增加。显然，增长缓慢、生产力和企业领导者是否关心下级福祉之间存在相关性，快乐积极的劳动力对生产力会产生正面影响的相关数据是可信的。

第二章 社交健康

管理要素出现在社交健康六边形当中，为三类系统行为提供了保护伞，即节奏、过程和表现。我们期望的运转速度极为关键，但它往往与实际情况并不一致，而且这并不会减缓政治或公司内部的短期工作安排，工作人员需按照日程行事。关于饮食思维的一个重大突破发生在20世纪90年代中期，人们的想法从要求短平快转变为可持续变化。

绩效须在管理中实现，因为需要某种衡量标准来帮助跟踪进度。虽然我本人厌恶那些愚蠢的"评估"人力资源管理系统的东西，但绩效和生产率相关软件的开发还是体现出人们对于竞争和比较的青睐。对我来说，"过程"一词是一个被严重低估的词，许多基本的身体动作是一系列无意识机械动作的连续。我们把一只脚放在另一只脚前面，或是参加仪式，这些实际是经由我们选择完成的过程。把事情视为理所当然不应忽视它的有效性，你可不会想吃没有经过加工的食物，而是要吃经过干净、彻底和安全加工处理过的食物。我们经常忽略个人生活中的过程；人们经常义正词严地谴责过于繁复的过程并将其称为官僚主义，但正确的过程实际上也是必不可少的。

沟 通

在社交健康中，关于沟通的呼声正日益增多，因为电子工具是有强大影响力的，它为我们带来了益处、害处，以及彻头彻尾的丑陋。而且超载的压力依然存在，沟通中的"误操作"的可能性也很高。我职业生涯的前半部分着重于沟通方面，因此我可能会被描述为"良好的沟通者"，但我也经常陷入沟通不畅的陷阱。我们都是如此，因为沟通很复杂，需要仔细考虑，我应该这样表达吗？我们的重点是否有遗漏？我们与谁沟通？这个时候提问是否恰当？我们应该双向沟通还是仅仅开展一场自上而下的单边谈话？这些只是每天要解决的部分问题，为衡量沟通有效还是无效，还需要去解读他人的反应。有效策略是应对机制思维的基础，我们必须在这个全面连接的世界中生存，并在其中茁壮成长。

第六感

每个人都知道五感，这简单易懂，完全可以用一只手数过来：视觉、听觉、触觉、味觉和嗅觉。如我们的感官受到损害，将妨碍我们的部分社交功能以及我们的感知功能。例如，如果我们看不到所有特征，我们就无法读懂某人的表情，从而无法读懂他们的情感。

社交健康却涉及第六感：直觉，或可称之为情商。我们对事物、情境，或一个人的直觉对于我们其他感官的体验来说是至关重要的。"闻起来不对"或"感觉还不错"或"我接受不了这种情况"或"我太近了,可以品尝它",此类感受被描述为"我们无须分析推理便直接知道某事的过程,自然弥补我们思想中有意识和无意识部分之间的差距,以及弥补本能与理性之间的差距"。直觉是一种至关重要的第六感。当著名的人权律师菲利普·桑兹(Philippe Sands)谈到他挖掘隐藏的家族历史,以及后来如何发现这些内容与1945年至1946年纽伦堡审判中揭露"种族灭绝"和"危害人类罪"这些术语的法律框架起源有关时,他坦率地谈到他的直觉和"律师的感觉"。他补充说,他的作品中有一系列巧合事件,"也许小说也无法与之匹敌"。

理性的本能相当于一系列观察和判断,加上一些额外和基于直觉的东西,使得人们采取基于事实的相应行为。利用感官、常识以及第六感,可构成六边形思维和社交健康六边形的第六个分支。管理、沟通和第六感的应对机制可以为解决知识、网络和时间症结成功铺平道路,社交健康六边形被设计为模式,而模式起到指南和导航的作用。当你遇到压力超载时,如同在海上遭遇海啸,诸如平静下来、使船保持平衡和遵循指南等因素可能正是我们需要的应对方法。

第三章

新需求层次

马斯洛的需求层次理论中缺少"社交联系"这个非常重要的部分,如果没有社交,其他需求并无意义。今天的千禧一代在社交媒体上游刃有余,他们需要与他人和世界建立更广阔的联系。

巴黎地铁上的自闭症男孩

◉

　　列车车门在巴黎地铁歌剧院一站关闭,这时一个小男孩开始尖叫起来。起初,乘客们环顾四周,以确认这孩子是不是被夹到了手指。所有地铁车门上都贴有小动物的图片,上面写着:"不要把手放在门附近,否则可能会夹到手指!"但小男孩的手握在母亲手里,他母亲则低着头回避与他人对视。她看起来很紧张,却并不感到奇怪,她看起来只是想等大家不再关注她而已,她对此习以为常,既不感觉突然也不惊讶。在那一刻我明白了为什么。

　　这个小男孩处于痛苦的自闭症世界中,他既不会交流也无法得到安慰。我怀疑他没有学会怎么说话,至少在这种环境下,他的病情使他的母亲束手无策,也无法让他平静下来。她所能做的只是等待一切结束：旅途、审视、乘客们的不解，以及她儿子的平静。我很少见到像这样的孤独，在一辆满是乘客的车厢里，她和她的儿子完全孤独，似乎在一起，又似乎彼此分离。

车厢里弥漫着一股温暖的橡胶味道，乘客们很拥挤，镶着明亮的橘灰色边框的塑料座椅上坐满了人，车里还塞满了行李箱。门开启和关闭带来的噪音，以及周边乱糟糟的氛围对男孩来说无疑是难以忍受的，他的尖叫声没有节奏感，也没有间断。尖叫声代表着无言的抗议，并不是因为被剥夺了什么，而是因为遭到全面否定而发泄怒气，甚至是痛苦，一种难以负荷的痛苦。

对于这个男孩来说，车厢可能是最糟糕的地方，但我想这位母亲别无选择，否则没人愿意接受这样的情况。孩子大概六七岁，他的大脑杏仁核突触和眶额皮层突触处于疯狂躁动状态。即便没有自闭症，这种环境也很可能引发超负荷压力反应。

神经可塑性的相关研究表明，这些部位是对压力产生剧烈反应的大脑区域。想象一下，如果在日常环境中缺乏防御声音和感觉的能力，也没有能力传达这些感受，或没有能力用语言来描述，会是怎样的感受呢？我感到无助并充满怜悯之情。我转向我的孩子，他们对此并不在意，"妈妈，"其中一个孩子轻声说道，"我敢打赌，你很高兴崩溃的不是我。"

形成社会纽带和沟通情感的能力是建立联系的第一种形式，婴儿从出生时就会用模糊的视力追踪母亲的声音，本能往往领先于感知。大量的研究，包括进化心理学家罗宾·邓巴（Robin Dunbar）的著名实验表明，通过物种的前额叶皮质大小可推断其社会群体大小。[1] 实验指出，人类通过建立联系的能力展示其作为社会性动物的一面，因而人类拥有最强大的大脑。海德堡人作为最早和我们拥有同样大脑的古人类，先于我们的智人出现。巴黎地铁上的那个男孩，其大脑社交功能可能已受到自闭症的影响，但其演变可以追溯到70万年前，他的祖先首先开发了类似于我们的大脑，他慈爱的母亲能够把他抱在怀里，保护他免受世界的伤害。尽管他有些社交孤立，但他的痛苦可能就是在表达这种意思。神经心理学家马修·利伯曼（Matthew Lieberman）称，人类大脑有默认位置关注群体关系，并且对于大脑来说，任何类型的社交痛苦都与身体疼痛的方式相似，任何类型的痛苦都表明事情不妙。

---

[1] 罗宾·邓巴是一位进化心理学家，曾大力普及灵长类动物大脑与社交网络行为关系的相关知识。在出版科普书籍《你需要多少朋友：神秘的邓巴数字与遗传密码》(*How Many Friends Does One Person Need? Dunbar's Number and Other Evolutionary Quirks*) 之前已发表了两篇相关论文，着重研究灵长类动物大脑及其社交网络组织，两篇论文分别是1988年发表的《灵长类动物的社会体系》(*Primate Social Systems*) 与1975年发表的《格拉达狒狒的社会动态》(*Social Dynamics of Gelada Baboons*)。——原注

这个男孩最需要的是与能够保护他的人建立联系。他或许也需要温饱,但他更需要爱,他需要与人建立联系。或许这对他来说很难,但不可或缺。

门洛帕克的千禧一代

◉

1948年，即世界卫生组织正式成立并为"健康"下定义的同一年，美国心理学家亚伯拉罕·马斯洛（Abraham Maslow）发明了一种模型来研究人类的需求。六十多年来，该模型一直是人们试图理解人类复杂性和行为的框架。马斯洛的需求层次有五个简单的组织原则，基于从基本到高级的层次结构排列，当你跃居金字塔的顶端，满足所有需求时，你在某种程度上就是完整的，也就是健康的（见图3.1）。

马斯洛的层次结构将食物和住所的生理需求设置在了金字塔的底端，其次是安全感，最后是爱和归属，尊重和自我实现。然而，这个框架存在缺陷，它没有提到"联系"这个词，也许它隐含了这一意义，但确实并未提及，也没有提及

第三章 新需求层次

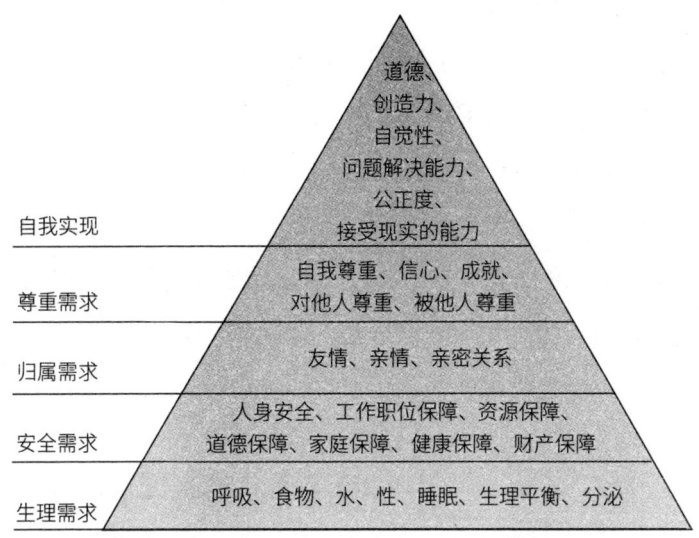

图 3.1 亚伯拉罕·马斯洛的需求层次理论

联系所处的环境，即社交。

从某种意义上说，马斯洛的需求层次理论已经经受住了时间的考验。这是一种简洁的方式，可以清晰看出不同的状态和行为，但是一些人，包括我自己在内，正在质疑这种需求层次是否仍适合当代社会。马斯洛的研究已经过时，因为在这个框架中，联系处于次要位置，并且图示中缺少"联系"这个关键部分。在这个框架中，不仅仅是"自我实现"，无论是我们对能源或通信系统等连接硬件的访问，还是心理上我们与他人联系的方式都根本不存在。2011年，《今日心理学》(Psychology Today)质疑了这个理论,并指出"如果没有社交,这些需求并无意义"。

建立联系日益重要,我们的这种认识反映了它目前存在的普遍性。我们希望地球上目前没有电力的13.4亿人①,可以连上新的能源,例如清洁能源。关于如何利用太阳能来给新型电池充电的争论非常激烈,人们都希望可在当地充电,而不是跑到数百公里之外去充电,这时大部分电量已经耗尽。情感联系不会受到距离甚至时间的影响,并且它不仅嵌入马斯洛需求层次中,而且可以渗透进各个层次。

我们构建需求源于社交和心理两个方面。人类在任何时候需要的东西都不尽相同,然而我们的根本需求是一致的,即建立联系。巧合的是,铸就现代联系的巨人也与亚伯拉罕·马斯洛本人建立了联系。马斯洛最终在加州门洛帕克家中去世,一个世纪以前,那里正是托马斯·阿尔瓦·爱迪生发明了留声机并开创了互联时代的地方。门洛帕克也是谷歌创始人最初在朋友家车库开设销售点的地方,并且该店被命名为"发明工厂"。今天的千禧一代并不仅仅需要建立联系,而且完全将其视作是理所当然的。我怀疑以我们20世纪二进制的视角来看,我们低估了他们对连接的复杂程度的要

---

① 全球16%的人口,共13亿人无法获得电力,其中79%居住在世界上最贫穷的50个国家,主要位于撒哈拉以南非洲和亚洲部分地区(如印度占3亿人)。——原注

求。事实上，当我试图向我出生于2001年1月1日的女儿解释我们当时只有四个电视频道，一台卡式磁带录放机，而我二十多岁的时候才拥有一台电脑时，她觉得难以置信。诚然我的孩子们睡觉时枕边摆着手机，但他们也拥有现实世界的朋友，可以见面、相互交谈、玩耍、休闲、触摸、拥抱和爱。他们非常清楚，他们需要与他人和更广阔的世界联系起来，因此毕业生可能要求有一位靠得住的雇主，而不仅仅是办公桌、良好的资金和职业前景。她们这一代经常被误认为是依数字而生的，失去了建立亲密关系的能力，但是在青少年们社交游刃有余的地方，我们这老一辈的婴儿潮一代和X世代，却将自己关在办公桌和电脑之后，被筒仓思维困住，不玩交友软件，切断社交联系。有一件事是清楚的，现代互相联系的社交人士需要——不是想要而是需要——在脸书上拥有面对面的朋友。

渴望线下面对面交往

◉

他对我说他有 6 000 万朋友,也就是说,一个都没有。

——塔尼娅·戈尔德(Tanya Gold)

以马斯洛的需求层次理论为参考,多年来我在公司课堂上以及在教授高管或高管 MBA 学生时,使用"沟通层次"模型说明不同形式的联系。我想要培养一代渴求时间的人,或者说无法忍受"漫长午餐"的年轻人。我希望他们了解时间的紧迫,与其发布一篇 140 字的帖子而无人响应,不如珍惜珍贵的面对面会议。

尽管通信给我们提供了无限的信息,但我们使用文字、图片和其他媒体的方式实际上是有限的,远远少于运动、色彩、流行音乐甚至蝴蝶的种类。

沟通方式共有六种:

1. **面对面:** 会面

2. **声音:** 电话(或 Skype,相当于 1 和 2 的混合)

3. **书写:** 写作或利用邮政系统

4. **虚拟书写:** 带有附件或链接的电邮

5. **广播讯息:** 向个人或群体传达信息

6. **社交网络对话:** 以数字手段或面对面方式交谈

这六种沟通方式可参照马斯洛的金字塔图归纳为三个沟通层次(见图 3.2):

1. 面对面交流或声音交流

2. 书写

3. 广播

金字塔并不反映通信的互连性。与其说这是一个层级结构,不如说是个循环结构。与某个人进行交流时,所采用的方式可能多于一种:如通过电子邮件确认会议安排,然后以社交媒体广播的方式下达通知,或许继而以某种通信方式报

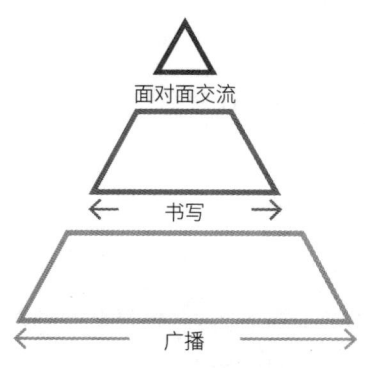

图 3.2　沟通层次

告会议情况。

如果单单说写下一封电子邮件、一个小说片段或是一条推特的效果和力度远不及面对面口头交流的话,未免过于武断了。我们知道,当面进行言语交流,而非借由代理服务器交流所产生的亲密感和信任感是无可争议的。我们用于表达思想、语言和感觉的方式应进一步拓展,如书籍、电视等联系网络都是极佳的交流方式,有声书的出现及 Audible 这样的音频图书公司的崛起充分说明了这一点。Audible 音频图书公司在不到 10 年时间已制作超过 20 万本音频书籍。其创始人唐·卡茨(Don Katz)告诉《华尔街日报》(*The Wall Street Journal*):"消费者没有察觉到文本、视觉与听觉体验之间的区别。"

除了书籍和作者的话外,还有一种方式集阅读、朗读、听书于一身,即图书节。海伊文学节(The Hay Festival)始于有"书都"之称的威尔士瓦伊河畔的海伊小镇(Hay-on-Wye),镇上有1 500常住民,1998年首次举办图书节即吸引了约1 000名访客来此参与多达25项与图书相关的活动。到了2012年,据估计有10万人到访,共计参加长达11天的超过800项活动,鉴于此,图书节不得不迁移到一个更大的场地,甚至占用了一些附近的农田才足够容纳访客。如今,大多数入场券已售罄,在等候进入帐篷以聆听伟大生活思想家和作家报告的队列中,人们相互交谈,收获满满。许多图书爱好者不单单出席这里的图书节活动,甚至愿意追随此类活动到更远的地方,如哥伦比亚、爱尔兰、墨西哥、西班牙、秘鲁和孟加拉国。

1969年,在纽约州北部举行的伍德斯托克音乐会(Woodstock Music Conference)将人与音乐以全新方式联系起来,极端粉丝也诞生于那个年代。1985年的直播技术开启了观众和艺术家之间的联系,使观众和艺术家共同生活在某种体验中,联系他们的不仅仅是那个时刻,更多的是要依靠技术,具体来说是电视技术。音乐家菲尔·柯林斯(Phil Collins)乘坐协和飞机离开英国温布利体育场音乐会,几小时后就来到美国的费城演出,其结果是通过一场卫星电视直播将150个国家的19亿全球观众联系起来。仅在英国,由鲍勃·吉尔道夫（Bob Geldof）和哈维·戈德史密斯（Harvey Goldsmith）主管的直播技术使得在一年内超过2500万人得以观看现场音乐演出。

我在电视上观看了直播，至今仍记忆犹新。就在我21岁生日之前，我在父母家里独处于一个房间，观看演出，窗户是敞开的，我在伦敦北部的汉普斯特德山上，多么希望我就在音乐会现场。我意识到那可能是生命中的第一次，世界其他地方有人就像我一样正在观看演出，还有其他叫朱莉娅的年轻姑娘，可能在意大利也可能在苏联，以某种方式在这个不平凡的日子联系在一起。如今，我仍然会观看弗莱迪·摩克瑞（Freddie Mercury）的YouTube视频，他身着白色长裤走上舞台，我认为他正以前所未有的方式通过电视与全世界相连，当然甲壳虫乐队、猫王和穆罕默德·阿里或许也这样做过。YouTube上弗莱迪·摩克瑞的视频已产生了大量观看次数，但仍只有1200万，远比不上弗莱迪·摩克瑞当天在电视上演出《波希米亚狂想曲》（*Bohemian Rhapsody*）时观众的一小部分，当时他唱着抒情歌词：太晚了，我的时代已到来。这个社交媒体时代当仁不让的新星是"即时社交网络"。群聊视频平台Houseparty[①]使青少年在外使用智能手

[①] Houseparty是一款同步社交网络应用程序，由Apptopia公司于2016年10月推出。撰写本书时，预计将成为类似推特、色拉布和照片墙的社交媒体新贵。——原注

机时,可以实时视频聊天,但是与遥远的1985年的直播技术相比,这反而是一种破碎的交流体验。

然而,我们总是希望看到彼此的面孔,去触摸,用嗅觉感受,投以目光,希望可以真切直接地接近另一个人,这是联系沟通的至高层面。Y世代和Z世代可能认为大规模的社交活动始于脸书,但他们大错特错了。基督教青年会(YMCA)始于1844年,在全球11 000多个分支机构中仍有5 800万"受益者",是"世界上最大的青年组织";工人俱乐部始于1862年;妇女研究所建于1897年;此外还有1907年建立的童子军组织(今天仍然活跃在世界上216个国家,拥有超过3 000万成员)。现场直播、大量人群和大规模联系的建立带来了重大的社会和政治变革:解放广场、滚石乐队或泰勒·斯威夫特(Taylor Swift)演唱会,或直播演出,这些都是通过技术在扩大联系方面大放光彩的时刻,但是掌握方向盘的应该是人——真实的人。

在1985年,我的生活中没有除电影之外的大众媒体,当时居于传播方式最高位置的无疑是广播媒体。21年后,推特诞生了,人类迎来了一个全新的直播电视连接时代。在报道和评论方面,共享文化即时消息的效果感觉是如此的令人兴奋。

然而,人无千日好,花无百日红。人们相互联系的手段如此之多,然而人们相互之间的联系却大幅度减少或变得支离破碎。2016年夏天，推特遭到新媒体色拉布的强势冲击，大规模联系或交流令人感到过度而厌烦，人们更愿意或至少是尝试着私下交流。无论得到怎样的承诺，他们对网络通信安全抱有不信任态度，尤其是爱德华·斯诺登事件之后。那些敏锐的人已经意识到，在这个全面连接的时代，人人无隐私可言，隐私可以被截屏或是以其他种种方式保留并传播开来。

我比以往任何时候都更注重面对面交流，无论我多忙，我都会约见别人，无论是为了工作还是生活交往。我会与人喝咖啡或散步，我会举办小型晚餐会或参加会议和节日活动，我会认真选择会见对象，因为时间非常宝贵（而且我很重视我的时间）。但我并非因执着于与人共处一室，就坚决抵制以虚拟方式沟通和联系或者完全拒绝沟通，如果我想在超载时代成长，那么更多面对面交流就不仅是有益的，而且是必需的。

《连线》（*Wired*）杂志的联合创始人，一度支持数字化和虚拟化，如今他的思想回到了原点。谈到共同工作空间不断增长的趋势，意味着摩天大楼或筒仓式办公室中各自独立工位的终结，他这样说到："如果你们不在同一个房间办公，只会浪费带宽，不如彼此接触共同工作更有价值。如果我是投资者，我会采用'反本能的'做法，将钱投在这方面。"

值得注意的是，一个技术巨头正在脸书时代发出呐喊，要求人们建立面对面联系，虽然他也认为这是"反本能的"。

正如作家威尔·赛尔夫（Will Self）所说，没有人认为人们应该"通过 Skype 与孩子交谈"①，只有当需要时，Skype 才可作为面对面交流的替代形式。进化心理学家罗宾·邓巴教授曾参与我主持的一档关于人际联系的 BBC 节目，在接受采访时他说："在无法满足我们关于面对面交谈的客观条件时，社交媒体肯定有助于减缓关系质量自然衰退。但面对面的互动有一些至关重要的东西，不时看到他们的眼睛似乎对我们维持友谊的方式来说至关重要。"

维护"朋友关系"属于社交范畴，但并不局限于社交场合。工作文化和网络技术不仅可以让我们不必常常穿制服工作，工作的同时我们也拥有家庭生活，它反映了兼职和弹性时间的增加。"星期五休闲日"在工作文化中流行起来，现在人们可以越来越多地穿着他们喜欢的衣服去工作。② 多项研究表明，通过融合与友谊、家庭和血缘关系相关的社会因素，如信任，可以对工作环境产生重大影响。

两篇学术论文，一篇研究服装生产商，另一篇研究美国

---

① 英国小说家、作家、教师和播音员威尔·赛尔夫于 2014 年在《新政治家》（*The New Statesman*）发表文章称，面对面交流带来的亲密感与网络交流不同。——原注
② 英国咨询调解与仲裁局在英国雇主和雇员的协助下发布报告称，根据 2005 年的一项调查，在家办公比率从 16% 上升到 28%，弹性工作制比率从 19% 上升到 26%，全职工作转兼职工作的比率从 46% 上升到 64%，其变化是自社交媒体、互联网和移动设备引发的变革开始的。——原注

参议院的立法合作,皆得出结论:虽然并不完美,但若某一环境中的人联系更多,有更多面对面交流的机会,从而形成亲密的朋友关系,那么此环境中的人们比那些不具备相应条件的环境中的人们,关系更牢固,工作效率也更高。一位美国首席执行官说:"局外人很难与商界的人成为朋友。你要对他们和其工作产生信任感,你要对他们在商业以外的事情感兴趣。"就政治方面而言:"一场欧洲之行中的对话打动了利益相关方,结果表明,它对6年后一项重要法案的通过起了推动作用。"

那么问题来了:如何实现这一目标呢?

沉迷搜索学习与算法推荐

◉

我们与电子信息共存带来的影响是，我们习惯于信息过载状态，习惯于无法应对的局面。

——马歇尔·麦克卢汉

时值 20 世纪 60 年代末和 70 年代初期，"信息超载"的概念开始伴随人们的生活。1969 年，曾提出"地球村"概念的加拿大社会理论家马歇尔·麦克卢汉提倡："面对信息超载，我们别无选择，只能建立识别模式以应对。"在 1975 年至 2017 年这一代人中，"未来冲击"已经到来，其为我们带来大量大众消费的电子产品有：台式电脑、传真机、24 小时电视节目、互联网、网络浏览器、搜索引擎、手机、笔记本电脑、智能手机、网络流媒体、社交媒体以及 VR 眼镜、人工智能和机器人技术。互联网评论家和社会观察员安德鲁·肯（Andrew Keen）指出，今天我们生活在一个网络化的世界中，2012—2013 年产生的数据量占人类历史上所有数据的 90%。

这种效应被称为全面解放。拥有选择和过度消费是现代消费社会的基本特征，并迅速演化为信息超载现象，这是"未来冲击"的主要副产品之一。人们面临的不是调整，而是倦怠。当我问及学生们的阅读书目时，他们看上去一片茫然，他们的知识框架只建立在方寸大小的手机屏幕上，通过不断滑动手机屏幕获得信息。他们的"新闻源"相对固定，每天花在手机上的时间却不断上升。自 2015 年以来，主要的新闻媒体已经开始专门针对电子器材提供相应产品，从表面上看这是好事，但你在这方面无法获得深度，只有收缩视野和提升浏览速度而已。

这产生了两个问题。问题之一是人们只能接受片面、短浅、雷同的信息。就好像游客去一个阳光明媚的度假胜地，进入一家餐厅，却只有和家乡口味一样的菜肴一样。我想到我曾去过希腊的一家餐馆，那里的服务员简直无法相信我要点希腊特色菜羊肉土豆烩。"你确定吗，女士？"他们这样问道，"其他人都想吃牛排和薯条。"

问题之二是知识。在当今这个互联网时代，你需要学习的东西很多：金融和政治，体育和媒体，文化和教育，以及各方面事物之间的相互关联。对各类知识了解一二，而不是片面钻研专一领域，对我们的生存发展是非常重要的，为什么？因为我们这代人要靠自己的双手谋福利。我们生存在后企业时代：移动办公使得我们面对着种种隐形对手，他们的信息体系更完备，沟通模式更发达，未来努力的方向不再是充实我们的简历，我们要告诉自己的孩子去尽可能积累知识、想法和经历，令自己变得更有趣。我们无法摆脱未来冲击，因为其规模太庞大。皇家海军作为武装部队中历史最悠久的部队，非常了解如何将庞大的信息库细化分类，安德鲁·圣乔治（Andrew St George）记录下了他们日常是如何交换信息和数据的：

> 皇家海军拥有非常高效的非正式内部信息网络。领导及各级信息通过信息系统传递，在管理层、各级、各分支和社群之间交换信息，利用这些信息，皇家海军的集体意识在吸收新的知识和见解的同时，也强化了原有的知识和见解。海军机构或船只经常邀请访客分享信息，也鼓励工作人员参与分享信息。

我们需要了解很多事情，或者说每样东西都知道一点，但我们应该相信哪些，以及到哪里去寻找可以被信任的东西呢？美国喜剧演员斯蒂芬·科尔伯特（Stephen Colbert）于2005年提出"真实"一词，到2016年特朗普与希拉里竞选美国总统期间，这个词已演变为"后真实"。然而，真正堵塞信息渠道的却往往是少量的事实，而非完全虚假的信息。当周围充满这种噪音时，我们该怎样拥有清静的头脑呢？有趣的是，Buzzfeed从2016年开始将其新闻从娱乐视频版块中分离出来，至少人们认为信息是存在变化和差异的，而不全都是稠密不可区分的流量。

因此，你必须具有进取精神和企业家精神，才能在广阔的信息海洋中遨游。就像2003年皮克斯电影《海底总动员》（*Finding Nemo*）中迷人健忘的小鱼多莉一样，她捕捉到了未来冲击和超载时代的精神。电影以浩瀚无垠的海洋为背景，多莉的健忘是克服信息超载压力和使之富有秩序的有效隐喻。

信息也变得令我们无法完全信任，在世界上许多国家，互联网仍可误导或推翻我们现有知识，辨别真伪与了解实情一样困难。我们在波涛汹涌的媒体海洋中挥动船桨，希望早些看到陆地，希望足够幸运，然而我们的信息和知识到底出自哪里？事实是，我们经常忘记问这个问题，因为我们想当然地相信它离我们仅一步之遥，点击一下按钮即可手到擒来。我在为一家公司的客户开发实用工具时，最受欢迎的是"知识仪表盘"，它可以帮助人们在各种知识来源中策划自己的个性化信息流。

未来冲击时代，知识和信息面临的另一个问题是，我们可能因为互联网的算法而脱离正轨。以脸书为例，该公司因在管理客户信息时完全依赖算法而遭到指责，谷歌也存在类似的问题。出于宣传的需要，我在谷歌平台创建了自己的网站，以便管理和归档越来越多的文章、访谈、博客和新闻，这样我就有了一个为公司宣传的窗口。但我很快意识到事情偏离了我的预期。我按自己的方式组织了我的生活和工作年表，我的目的仅仅是希望人们能搜索我，然而"热搜排名"改变了人们了解我的顺序，这意味着，对于潜在咨询客户来说，能够反映我的工作和兴趣的重要文章经过搜索排名后或许被筛掉而石沉大海，而我的信息也因算法搜索体系被链接到别处。一个典型的例子是我父亲2012年去世时，因系统算法中我与我父亲之间的相关性使得我的搜索排名跃升，当你有大量的信息或新闻进入搜索算法范畴时，你的信息排列会因此发生变化。信息本身并无改变，但排列方式遭到了扭曲。

应对未来冲击的解药是了解我们的需求正在发生变化。我们不能就这样淹没在快速而不准确的信息流中，为找到正确的方向，我们需要管理信息，就好像我们穿越交通枢纽时那样，我们需要适当和有效的引导和指挥。想象一下，当你到达一个国际机场却没有看到飞机起落信息牌，或者发现顽皮的孩子弄乱了目的地信息并随机分配了登机口会怎样？我们需要认识到，有时候我们需要更少的信息，而不是更多，我们需要信息具备可靠的来源，就像优秀记者所做的那样。当然，下一个挑战很重大，即我们究竟如何找到时间？

追求规模与速度

◎

> 我们没有耐心等待身体自愈，时间紧迫，我们不得不不断前行。
>
> ——露西·温切特（Lucy Winkett）教士

当代哲学家阿兰·德波顿（Alain de Botton）在其著作《工作颂歌》(*The Pleasures and Sorrows of Work*)中提及他曾花了几天时间与一位电气工程师一起沿邓杰内斯角和坎宁镇之间长达175公里的电力线探察，这些线为伦敦的多个地区输送电力。作者注意到这些电线的电压从惊人的400千伏降到温和的275千伏，继而是132千伏，输送到用户家庭的插座时则仅仅有240伏。规模和速度是决定现代互联生活的双重因素，我们在某种程度上以规模衡量速度。我们会问：这么小的数值意味着速度有多快呢？

我们都知道承受压力的感觉，增长则是资本主义心理的核心词汇。哲学家玛莎·努斯鲍姆（Martha Nussbaum）指出我们多么希望"超越界限"，风险资本家会谈论你应该如何加速扩展。因此听到媒体理论家道格拉斯·拉什科夫（Douglas Rushkoff）在一个充满科技爱好者和数字企业家的纽约会议上，嘲讽这种"数字甾体经济"时，令人感到耳目一新。对于规模和增长的追求可以用一个问题来概括：为什么谷歌从一家科技公司发展成为控股公司？迈克尔·刘易斯（Michael Lewis）在他的《高频交易员》（*Flash Boys*）一书中阐释了这种令人敬畏的规模和速度的文化，书中讲述了金融交易者可以为了获得相对于竞争对手不到一秒的优势而无所不用其极：周末，从布拉德的办公桌连接到蝙蝠交易所的速度大约是2毫秒，其连接到卡特雷特的速度是最慢的，大约为4毫秒。而人类眨眼的速度是100毫秒，很难相信还不到一眨眼的工夫就可在市场上产生牵一发而动全身的效果。

正如牛津大学的才子弗朗西丝·凯恩克罗斯在1997年的著作中所说的那样："远距离已死。"随着互联网和计算能力的飞速发展，电子化的日常生活格局发生了永久性的变化。我们逐渐进入超载时代，人们也逐渐接受了这样的理念，即我们需要同时满足多和快两个标准。

除了速度，更加无情的是工作不能停止。2015 年，《纽约时报》对亚马逊内部的工作情况进行了报道，提及亚马逊机器人的概念，也就是说对员工进行培训并将其视为机器人的做法。报纸引用了一位匿名工作人员的话："有一次我连续四天没有睡觉，工作就是我的孩子，我会尽己所能让它们成功。"当我们刚刚开始意识到我们都被迫在信息高速公路上加速前行时，那时的我是企鹅出版公司一名年轻的图书推广员。时值 1985 年，那时的图像还不是数字化的，全都存储在巨大的文件柜中；书籍还不是可以下载的，而是放在有衬垫物夹层的大信封里，由收费昂贵的快递员在午餐时间送到文字编辑办公室里。我的工作是给大作家们打电话。小说家埃德娜·奥布赖恩本人未接电话，于是电话转入答录机，电话另一端的机械声音解释了机器的功能以及如何在哔声后留言，她用曼妙的爱尔兰口音说："这会留给你时间思考。"

这种对规模和速度的痴迷与我们的人体系统并不协调，从生理上来看人体步调缓慢。当我提供统计数据来向学生和企业观众展示现代生活的规模和速度时，他们对那些巨大数字并不感到难以接受。没有人会惊讶于 5 000 万美国人是健身房会员，或领英拥有 4.33 亿会员，他们难以应对的反而是小数字。有些人听说过"邓巴数"（邓巴数为 150，本书后面将提及），但数字 168 对他们来说完全是一片空白。这是一个相对较小的数字,大于每分钟的理想心跳数,大于每分钟的秒数,小于数字 5 在 24 小时中出现的次数,小于世界上的国家数量,小于现存音乐与艺术类型数,小于烹饪类型总数,也小于已知语言或复音的数量。但对人类来说,它实际上是一个很大的数字,因为它代表了一个总数,一周中的小时总数。

从身价亿万的银行家到贫民窟居民,所有人都拥有平等的时间,其中三分之一在睡眠中度过。虽然我们的身体可以承受熬夜,但从生物学角度来说,我们每晚需要 6~8 个小时的睡眠时间(实际上睡眠时间分成不同的部分,但现在通常认为是一段不间断的时间)。这意味着每周只剩下 112 个小时(你能感受到时钟嘀嗒作响吗?),生活、建立联系和完成所有工作,时间之少让人非常震惊和失望。我们生活在一个规模如此庞大的世界里,过度被误以为是恰当,事实上,适用于财经领域的"掌控生活"并不适用于管理时间,难怪当今社会中人们越来越不耐烦。一天,当我去健身房的时候发现有人把衣物遗留在更衣柜里却没有上锁的时候,我立刻感到心烦气躁、咬牙切齿。这是在浪费我的时间,每分每秒!我为此而勃然大怒!

不管在哪儿,速度都被视为重中之重。20 世纪 90 年代,美国有线电视新闻网开启 24 小时滚动新闻模式,如今电视、平板电脑和移动设备均以在线形式连续载入新闻。速度对新闻人来说,至关重要,普利策奖获得者霍华德·罗森伯格(Howard Rosenberg)和查尔斯·费尔德曼(Charles Feldman)在他们的著作《无暇思考》(*No Time to Think*)中指出,新闻节目的设计旨在满足消费者的特定需求,类似于让马拉松选手于奔跑途中快速补充水分而步伐不乱。

然而我们的身体和心灵似乎开始反抗这种唯速度独尊的形式。慢运动于 1986 年兴起,那是我们为平衡生命节奏发出的第一声呐喊,即刻和临时这样的字眼不再受到青睐。20 年后,电视机顶盒的普及催生了"马拉松追剧"一类新词汇的诞生。 奈飞公司的《纸牌屋》(*House of Cards*)就是一个很好的例子,类似的还有英国广播公司的北欧剧集,以及《桥》(*The Bridge*)与《权力的堡垒》(*Borgen*)系列,这类剧集平均每次播放两到六集。 在我看来,想要掌控和延展时间的人们可以强迫自己坐在某处专注于某事,这是一种相当好的减速方式。

崇尚数字化和时间管理

◉

在一个周六的早晨，我坚持让10岁的儿子放下他手中的电玩到厨房做功课，我对他说："该写作业了。"他嘟哝道："明天我会做的，妈妈。"他的抵触和拖延是一种普遍的文化现象（特别是许多10岁男孩的父母都知道），这一倾向涉及大脑前额皮层的功能。正如认知心理学家和神经科学家丹尼尔·列维京（Daniel Levitin）所说，这部分脑功能控制的是对特定任务的重点关注或者功能障碍的影响，其表现可能是固执坚持，也就是说即使在没有取得进展的情况下仍表现执着，例如自闭症患者经常出现的重复性行为；或者表现为渴望在混乱环境中集中精神，后者称为执行功能失常症。无论如何，在这个特别的11月的早晨，我们在数学上遇到了涉及大脑功能的问题。

他当天的数学作业（或者更确切地说是我们的作业，因为当孩子不想做家庭作业时通常意味着他们希望他们的父母分担）是计算24小时内数字5出现的次数。首先，我们先算出在1小时内5出现的次数是15，然后再乘以24得出了360的得数。我儿子惊叹于如此复杂的乘法式。等等，这只是算了1小时内的分钟数，那么秒数呢？（有趣的是，英语中我们常说"稍等一分钟"和"稍等一秒"这两种说法）。数字的规模再次得到延展，必须再乘以60倍，得数为21 600。我催促儿子："好好算，然后你就可以完成了。"

除了规模和速度，还需要考虑时间因素。我们希望按照我们的意志来控制和把握时间，许多人控制时间的方法是写日记或制定糟糕的日程表。我们往往将控制时间的主动权交给他人，无法想象如果管理者换为我们自己的话会是怎样的。没有基于云计算的电子卡路里数据，也没有管理饮食习惯的 outlook 日历供他人了解和规划我们的饮食，但是日记这种管理时间的工具却使得别人轻易便能了解我们的时间管理习惯。

我们所生存的超载时代充满了矛盾，许多人的家庭和工作呈脱节状态。我自己的职业生涯经历了从电传到推特，从 Ink 域名到照片墙，从模拟到数字等种种技术转变，正是通过这些手段，我和如今已生活在世界各地的小伙伴们仍可保持联系，我们不为日程表所困，与我们爱的人直接联系在一起。规划时间使得我们可以见面、沟通、合作和聚会，我们的时间越少，就越有欲望去控制管理时间，因为这个管理体系可用于衡量意义。那么有什么比我们或主动或被动的联系更有意义呢？

我们最小的儿子在他的日常生活中差不多永远不会使用21 600这个数字，但我们管理时间时一定会使用24小时制和60分钟制。当古代美索不达米亚的苏美尔人在大约5 000年前首次将时间划分为六份时，他们不会想到自己会将现代生活中两个最重要的工具遗留给我们，即轮子和时间。事实上，如果没有轮子，时间本身不会像现在这样被精确测量，或者更确切地说是铁路车轮。苏格兰工程师桑福德·弗莱明爵士（Sir Sandford Fleming）被称为"标准时间之父"，他于1883年首次引入时区的概念（据称就是由于混乱的时间表使其错过了火车）。[①]

今天我们与时间及其测量结果联系之紧密直接促成苹果公司推出了其最新的"可穿戴"技术，该技术不是顶部带有

---

① 1883年11月18日，随着铁路的发展，美国和加拿大设立了标准时间。在此之前，时间是各地区基于太阳时间自设立的。1918年3月19日实施的《标准时间法》规定大部分区域需执行时区标准化，其中有9个时区仍在使用。——原注

时钟的掌上电脑,而是带有嵌入式计算机的手表。① 新技术传达的信息很清楚:在这个属于青少年的21世纪,我们通过穿戴时间(以及我们选择如何度过时间)来表达自我。成年人也像青少年一样,经常观察同龄人,从而认识到时间是一种有价值的商品。人们普遍认为忙碌比赋闲更好,为帮助你控制时间而设计出的应用程序在网店里归类上架为"生产力"部分。手表是奢侈品市场中少数几个主要产品之一(2014年劳力士品牌价值估计为70亿瑞士法郎),而善于控制时间的人通常更富裕,地位也更高。然而,时代精神行为观察家罗里·萨瑟兰(Rory Sutherland)经常在《观察家》(The Spectator)杂志的生活杂谈(The Wiki Man)专栏中指出:如果一个社会只考虑时间,特别是节省时间,而不考虑其他衡量成功的方法,那么这是一个愚蠢的社会。他在一篇关于英国新HS2高铁的文章中写到:"每月两次节省30分钟的设想改变不了什么。"但是人们倾向于这样想。麻省理工学院的社会学家和心理学家雪莉·特克在这个技术时代开创了许多关于人类联系的新理念,她在其最新著作《重拾交谈:数字时代谈话的力量》(Reclaiming Conversation: The Power of Talk in a Digital Age)中指出,公司会议节省时间的

---

① 根据《华尔街日报》的数据,苹果公司于2015年4月推出了苹果手表,其第一年的销量即超过苹果手机,然而其后续季度销量大幅下降,因为消费者并未广泛适应此类新个人电脑产品。——原注

成本明显很高。律师的常见做法是在会议期间关闭电话和平板电脑，这可视为一种主动脱节，是一种节省时间的有力手段。因此，我认为电话会议如同薯条一样是极为不健康的，如果他们只是听电话和面对屏幕工作，他们会错过面对面的对话机会，但同时有利之处是他们将能够处理多种任务。

人们说时间是伟大的治疗师。但是，我们越是在意时间，它在我们身上引发的焦虑就越多，并没有所谓的治愈或健康效果。当我们考虑建立联系时，我们通常会考虑速度可以有多快，然后又不可避免地联想到我们花了多少时间。社交健康将时间视为其核心因素，因为我们常常处于社交失调状态。我关于时间紧迫的应对之策是曲直向前，在我看来，为了尝试做更多事情，我们反而应做得更少。每周我会用一天时间远离社交媒体和互联网，那天是我的"科技安息日"，以便让我将注意力集中在现实生活节奏上，而不是被狂热的机器所主导。我没有那么多时间练习"正念技巧"，因为这需要专注和时间，而我的做法是尽量放松意识，关闭自我而不是引导心神。回忆起我的童年时代，作为一名学者，我的父亲往往会连续伏案数日，然后在电视机前和我们一起看美国警察秀。我父亲会坐下来，伸出他的长腿，和我们一起沉浸在剧中人物的紧张节奏中。警察的工作充斥着最后期限和紧急行动且具有其职业特性，而我父亲则暂时忘记了他自己的紧张工作。

为了暂停时间,我的商界朋友总是期待着他们的飞行假期。在空中,他们不能接受任何工作安排,如电话会议或空中会议等,他们暂时消失在他们自己的时间中,按自己而非他人的意志安排时间。我们渴望控制自己的生活,但社交健康需要我们主动接受并经营时间,这就是所谓的"停机时间",请记住拥有它是很重要的。另外请记住:建立联系的其中一步恰恰相反,即了解何时应该脱节。

PART 02

社交网络
下的多重自我

第四章

社交天性

现代文明依赖于一套日益复杂的系统,商业和政治以越来越复杂的方式运作,但最终结果只有一个,即保留极其重要的社会 DNA。所有的人类行为都将建立联系置于核心地位。

格拉迪丝和娜奥米

◎

"你可以稍稍接受我吗？只是稍稍就可以！"提出这个问题的人叫娜奥米·费尔（Naomi Feil），拥有坚强的面孔和清晰的面部特征。她已年过八旬，是一位出生于德国的美籍社会工作者。娜奥米目光坚定、声音平稳、眼睛明亮，正和另一位八十多岁的女人讲话，后者脸部皮肤松弛，紧闭双眼、一言不发。当娜奥米谈及她的工作时，她这样说道："当人们衰老，没有人与之交谈时，他们会越来越沉默，然后迫切需要与人建立联系。"

娜奥米·费尔正在与格拉迪丝·威尔逊（Gladys Wilson）交谈，后者住在一所老年痴呆症患者康复院中，这里的老年人多伴有失语症状。娜奥米正在使用她自创的一种方法，试

第四章 社交天性

图通过感同身受的交流帮助认知受损的个体。这项工作的强度和效果都是惊人的。格拉迪丝正心不在焉地摆动双手，她坐在一把蓝色的塑料椅子上，身上盖着一条漂亮的钩编毯，毯子色彩柔和多样，有粉色、绿色、黄色和紫色。那紫色与格拉迪丝夹克的颜色相配，夹克里面是一件清爽的白色衬衫，但她本人似乎心情黯淡。"你哭了吗？"娜奥米温柔地问道，"我能看到你的眼泪。"

格拉迪丝和娜奥米的年龄相近，年轻时可能看上去有颇多相像之处。她们都拥有清透干净的皮肤（娜奥米肤色偏白而格拉迪丝肤色略深），有美丽而富有表现力的嘴唇，娜奥米坚定而温柔地对格拉迪丝说着话，但她的双手更加引人注意，她的双手正顺着格拉迪丝的耳朵轻轻抚摸着她的两颊。娜奥米说我们的每个细胞都会记得这是婴儿时期母亲抚摸孩子的方式，她的脸正对着格拉迪丝的脸，距离大约只有15英寸。"你很难过。"娜奥米说，"可以睁开眼睛看看我吗？"那双眼睛曾因被忽略而紧闭，现在微微睁开了，面对着娜奥米的坚定目光。格拉迪丝立刻开始用手拍打她的椅子扶手，与此同时，娜奥米开始唱歌。她唱道："耶稣爱我，是的，我知道，因为《圣经》这样说。"

格拉迪丝的双手开始更强烈地拍打椅子，娜奥米提高了她的声音，更响亮地唱着基督教赞美诗，她将这种直接镜像行为称为"精心倾听"。此时，两个女人都被锁定在彼此的沟通当中，所有差距都消失了，她们在这一刻彼此相连。

娜奥米的身体现在正好向前倾斜，她的鼻子几乎触到格拉迪丝的，两人的鹰钩鼻相互映衬，轮廓对称。然后娜奥米改唱另一首歌曲："他手中拥有整个世界，他拥有了整个世界。"她唱着唱着，停顿了一下，本能地知道接下来会发生什么。格拉迪丝，这个几乎半盲且因为孤寂而一言不发的女人加入了合唱，她轻声应和着娜奥米。

"你觉得安全吗？"娜奥米温柔地问道，仍然捧着她的脸并凝视她的眼睛。然后她说："你是安全的。"格拉迪丝说了可能是多年来的第一句话。她张开嘴露出两颗像她的衬衫一样洁白的牙齿，静静地说："是的。"

到底是什么推动了人类进步？可以说在短短10万年内我们从沼泽走入了摩天大楼。从使用火具和烹饪工具开始，通过故事和语言，通过触碰和温情进行交流。我们拥有社会性的灵魂。我们通过发展烹饪、文化、城市和信仰等手段推动文明进步，以超越我们进化过程中的竞争对手。建立全面联系是我们的制胜法宝。现代文明依赖于一套日益复杂的系统，商业和政治以越来越复杂的方式运作，但最终结果只有一个，即保留极其重要的社会DNA。

所有的人类行为都将建立联系置于核心地位。也许某些我们可能称之为"缺失人性"的人例外，少数精神病和反社会人格患者因缺乏足够的同理心而无法像常人一样，且无法正常地与人建立和保持联系。加州大学洛杉矶分校认知神经科学实验室主任马修·利伯曼说："我们的大脑具有深刻的社会性，我们的社交性促使我们与他人保持联系，将我们的注意力引向了解周围人的思想，确保我们与周围人和谐相处。"

伟大的管理思想家和社会哲学家查尔斯·汉迪（Charles Handy）说："与任何团体、家庭、企业或社会组织在心理方面建立的关联，本质上均是以一部分个人自由换取归属感的回报。"我们如何概括我们围绕自己所建构的一系列包含个人和机构的社会环境呢？一言以蔽之，即社交。

神经科学表明，健康大脑的默认功能除基本认知之外，在于让我们与社交圈保持联系。无论我们是否给人一种超级忙碌和超级成功的印象，我们所有人在潜意识中所关注的其实是爱、生活、出生、葬礼、死亡和失去。2001年，在"9·11"事件期间，我们因那些来自受困于建筑物和飞机上的人们的电话和短信而痛苦。当他们面临死亡时，他们想要传达生命的本质是爱；当政治家谈论恐怖分子扩散恐惧时，他们明白与所爱的人失去联系的恐惧是我们拥有的最强烈的情感。

社交控是现代疾病之一，其患者往往害怕遭到孤立，因而常伴有孤独感、孤立感、疏离感等情绪。寂寞的情绪根深蒂固，甚至呈现出地域性流行特征。越来越多的人离婚或独自生活，患有情绪和精神疾病（或缺乏幸福感）的人屡见不鲜。我们与家庭都有联系，缺少家庭情感支持的人普遍承认会受到伤害：缺乏关系纽带或完全社交脱节必定是我们大多数人能想象到的最大缺憾。

杰出的社会学家齐格蒙特·鲍曼（Zygmunt Bauman）曾说："孤独、遗弃给我们这个个人主义时代带来了巨大恐惧。"当然，个人主义并不总是意味着孤独，自恋现象日益增加。和其他在照片墙上发布自拍的人一样，我也同样有罪恶感。当今社会的孤立化和个体化倾向激发了人们建立联系的渴望，也激发了人们对社交生活的渴望，就好像如果我们不高调晒幸福，就可能会被忽视一样。照片墙每月拥有4亿活跃账户，该数据有助于了解个体自我展示的倾向性：生活、服饰，对周遭世界的印象等。然而，照片墙和其他微型社交平台（许多人拥有公共推特账户还私下使用照片墙）均为可与他人分享有关去处、建筑、花园、艺术等信息的社交媒体。这些社交媒体的蓬勃发展本身就是展现强烈个性意识的产物，该现象呈奇特的对称性：孤立和分享共存。

我最喜欢的Instagram博主之一拥有50万粉丝，他发布的主要内容是双份完美对称的早餐图片。与其说展示的是食物，不如说其更关乎食物的个性，我们会自然联想到食物的做法及其带给我们的感受。食品时尚兴起，烹饪节目和相关书籍销售量飙升，以及餐饮业的蓬勃发展，反映了我们的社交 DNA：我们希望共进美餐。英国食品评论家和旅行作家 A. A. 吉尔曾论及关于食品的人文价值。从街头食品到顶级餐厅，食品被认为是社会的隐喻，他写道："早餐是一切开始的第一件事。这是对新的一天和对接下来生活的承诺。"

以家庭为中心

◉

真正有爱的灵魂摄人心扉,功德无量!

——乔治·艾略特(George Eliot)

当我们享用美食或发布自拍时,我们的行为既利己也利他。离线以后,我们实际与多少人在交往?一个著名的答案是 150 人。对社交媒体来说,这个数字是微不足道的,设想集齐 150 个赞是多么轻而易举的事。

这个基于社交的数字含义是由牛津大学的进化心理学家罗宾·邓巴教授提出的,也因此被称为"邓巴数"。邓巴教授通过对灵长类动物的大脑皮层的体积进行观察,揭示了一系列人类行为的原理。具体来说，邓巴教授发现通过观察猴子群体大小与其大脑体积的关系，其结果可能对人类同领域的研究具有借鉴意义。邓巴教授挖掘了人类社会的人类学结构，观察到在大城市和组织机构的层次中，确实存在类似模式。他在其优秀著作《你需要多少朋友：神秘的邓巴数字与遗传密码》中写道："人类社会中类似规模的群体无处不在。"

据说，新石器时代共有 150 个村子，现代大型企业也常以 150 名员工为单位划分管理部门。我了解到一位跨国公司负责人特意安排他手下的一千多名员工在不同地方工作，他说："这样员工就会觉得自己是就职于有特色的小公司，而不是巨型企业。"邓巴数的要旨在于，对人类来说，它代表了一个人的可接近性和亲密度，接近于一个大家族的家族规模。同时，邓巴数代表了人类认知的极限！简而言之，你每个圣诞节能寄出多少张贺卡？或有多少人会在节假日收到你的"不在办公室"回弹邮件？

当邓巴数在 2010 年第一次为公众所知时，我正在网络领域中进行一次实验。那时，我们组织了一次活动，将我们工作网络中的那些希望与人交往并获取灵感的专业人士聚集在一起。通常这类活动以早餐活动的形式举办，而且在当时这类活动还没有像今天这样普遍。如今，每个人至少收到 5 个类似邀请，且电子办公方式已取代了简单文具。然而，其新颖性无法掩盖其缺点：人们来来往往，收获寥寥，他们会迅速忘记这次经历，因为一天的忙碌吞噬了他们，而我想要的是更深层次的东西。

我注意到世界经济论坛旗舰活动的举办地在瑞士达沃斯附近的山上，那里远离尘嚣。于是我不禁想知道人们对这个活动趋之若鹜是否与其地理位置和其权威性有关，如果达沃斯的吸引力80%出自其参与者，那么另外20%肯定关乎环境和氛围。我直观地认为想要这种体验的不仅仅是世界领导人，也有普通专业人士。想到人们希望了解他人想法且希望加入小型群组，我预订了位于北威尔士斯诺登尼亚山区高处的波特梅里恩度假村，这个度假村由建筑师克拉夫·威廉姆斯 – 埃利斯（Clough Williams-Ellis）于20世纪30年代设计，并因20世纪70年代的电视剧《六号特殊犯人》（The Prisoner）而出名。这部剧副歌有一句歌词反复出现："我有名字！不是一个号码！"这里仍是大众时代凸显个性的胜地之一。我将活动命名为"记住名字而不是号码"。

波特梅里恩矗立在岩石半岛上，四周环海，开满杜鹃花。这里有非常奇特而美丽的意大利小屋，其木框架涂成了传统的绿松石色，是我最喜欢的颜色。我小时候常常去波特梅里恩。父亲的朋友克拉夫喜欢穿灯笼裤和黄色及膝袜，他银灰色的头发拂过脸颊，看上去好像吹过悬崖的山风。克拉夫喜欢租下山间度假小屋，招待我父亲和另外一些古怪的剑

第四章 社交天性

桥学者,我们在克洛斯村的帕克农场度过了许多美好假期。这个村庄位于名叫马特峰的小山下,房屋均采用木制框架,并涂以鲜明的颜色,与石板、蕨菜和苔藓相映成趣。我的父亲过去常常带我和我的兄弟安迪走到湖边,俯瞰贝斯格勒特的鸥鸟潜入水中,观察绵羊慢悠悠地吃草,山间溪水清澈见底。我们在岩石间停留,寻找我们通常歇脚的地方——强盗洞。在那里,父亲会拿出巧克力棒分给大家,然后小孩子们会雀跃起来,而他则可以歇歇脚。我们会围坐在一起分享巧克力,点燃火炬,照亮静谧的黑夜,开心无比。

在一些特殊日子里,我们全家人都会来到波特美里恩。克拉夫给了我们一张通行证,我们可以进入酒店专用区域,那个通行证实际上是一封信,似乎是与拥有者的经济地位有关。第一次这样做给我留下了深刻印象,我们进入酒店付费区域却无须付一分钱,在那里,我们会在可俯瞰河口的游泳池里游泳,那里的池水像霍克尼(Hockney)画中描绘的一样蓝,无论天气如何炎热,水池里的水总是冰凉彻骨。真正的魅力不止于此。有时威廉姆斯-埃利斯家族,还有来自古老的英国贵族斯特雷奇(Strachey)家族的阿玛贝尔夫人(Lady Amabel)会在布朗丹农场竖起一棵高达30英尺的圣诞树,并邀请所有当地的小孩每人带回家一个小小的礼物包裹。那情景就像在最好的维多利亚时代小说中描述的一样,大家可以在酒店露台上享用丰盛的自助餐,客人抬头就会看到克拉夫在高处挂起的错视画，那里可俯瞰酒店和公寓，人们靠在栏杆上俯视下方湖畔的潮汐沙滩。

因此，当我想要举办一项需要住宿的体验式活动，并打算模仿达沃斯不落窠臼的效果为专业人士提供创意文化会议场所时，我脑海中浮现的就只有一个地方。当时的会议关注的是规模和数量，通过召集尽可能多的人进入大型而毫无特色的场地来赚钱，主办方安排参会者佩戴入场证并引领他们到某个平淡无奇的展览大厅购买纪念品。我想做点不同的事情，我的活动称作"记住名字而不是号码"。我希望让人们有时间在几天内而不是几小时内建立联系，并且身处有趣和高尚的环境中，这样他们的感官就会得到满足并可以真正地联系彼此。我的黄金法则是不需要参会者佩戴入场证，这样人们需要交谈和询问以获知彼此的信息。

我的原则很奏效。在我们第一年举办这个活动时，因为雪天的缘故，我们无法从伦敦走 M1 高速公路。但是，随着司机带我们在巴拉湖附近的 A470 路上蜿蜒前行，并进入由克拉夫·威廉姆斯－埃利斯应和大自然而创造的葱葱景观时，车里安静了下来。艺术家们没有单独的休息室，无论他们多么出名，包括历史学家西蒙·沙玛（Simon Schama）和歌手安妮·伦诺克斯（Annie Lennox）。有些人并非知名人士，但他们也不是数字。怎么可能？我们同属于这个地方。也许最重要的是，那里没有电话信号，无论他们是否喜欢，都不得

第四章 社交天性

不与世俗中断联系。活动取得了成功，并且延续到今天仍在继续举办并扩大了规模，而我决心以牺牲丰厚利润为代价来使大家保持更亲密的关系。因此，我没有将其参与人数扩大到150人，而是增加了活动次数和举办地，保持了相同的分组规模。我发现在活动结束时，人们表现得好像他们同时感受到了丰富和舒适，他们发来感谢卡，也有人发来了礼物和鲜花。他们在活动中建立了亲密联系，我希望这与活动的地点、安排和组织有关，但我同时认为这也与活动规模有关。

一颗爱社交的灵魂往往愿意从属于一个家庭。一个家庭，甚至是一个家族，不是一个庞大整体，而是相互关联的小群体。如果你很幸运，不但有兄弟姐妹还有姑表亲和姨表亲，或者甚至拥有一个混合的继子女的大家庭。即使我们没有这样的家庭关系，即使我们是在工作，我们也喜欢与我们信任的人一起以家庭模式行事。这是人们最大的发现：无论人们在哪里工作，他们都希望自己拥有多重自我，成为一个拥有工作和生活的人，他们希望自己的理智被激发，希望其情感有回应。如果你没有帮助他们这样做，他们会保持动力还是会寻找最快的机会解放自我？

边喝咖啡边谈心

◉

论及咖啡馆一定不能草草略过……咖啡馆是大都市公众宣泄自我的主要场所。

——T. B. 麦考利(T. B. Macaulay)
《英国的历史》(*The History of England*)

我们对建立联系的渴望似乎仅有口渴可与之相比。无论是工作还是娱乐,我们这些热爱社交的灵魂常常边品尝咖啡边谈笑风生。如今,每年咖啡出口量为一亿袋(阿拉比卡咖啡的销量几乎是罗布斯塔咖啡的两倍),现代咖啡馆已有4个世纪的历史。专注于分析媒体和技术文化演变的记者

第四章 社交天性

汤姆·斯坦迪奇（Tom Standage）描述了启蒙时代风行于咖啡馆的清谈之风。"无论什么话题，咖啡馆的主要业务就是分享和讨论新闻和观点，无论是来自口头、书面还是印刷形式……这里倡导与陌生人交谈，阶级和地位的差别被留在了门外。"

18世纪早期的波希米亚，喝咖啡的目的也不仅仅是为了止渴。1732年，霍格斯（Hogarth）在伦敦坦普尔巴的圣约翰咖啡屋（St John's Coffee House）画出名作《摩登的午夜会谈》(Midnight Modern Conversation)，画中利用一只碗映射出画中人物声名狼藉的特征。位于苏豪区（Soho）和考文特花园（Covent Garden）的诸如斯特劳咖啡馆和摩尔金咖啡馆等极为重视咖啡馆的社交功能，以至于霍格斯的绘画生涯中贯穿了这个主题，留下了一系列有关咖啡馆清谈的主题画作。咖啡馆孕育出了艺术、政治、八卦、文化和文学等多领域成就，在这里诞生了各类独立俱乐部和协会。诗人德赖登（Dryden）可能经常光顾威尔咖啡馆（Will's Coffee House），但很快诸如凯特俱乐部和艺术、工艺与商业促进发展学会这样的组织纷纷成立，并成为学术派社交聚会的场所。人们在这里体验世俗生活的同时，也学习和交流知识。

在今天的现代咖啡馆，这种虽可能流于世俗却令人兴奋充满活力的交流方式早已无迹可寻。你可以喝到专业调配的咖啡，享用玛奇朵活萃取咖啡，咖啡师技艺高超，但可惜少了些什么。那些掷地有声的谈话去了哪里？李·西格尔（Lee Siegel）在他关于互联网时代描述的《对抗机器：电子哄客时代的人类生存》(*Against the Machine: Being Human in the Age of the Electronic Mob*)一书中严厉批评道："咖啡馆的笔记本电脑化已令其社交功能消失无踪，而这是我们存在于这世界上无可否认的事实。"当然，社交团体今天仍会去咖啡馆，但今天的咖啡馆的主要功能已转向销售，如果咖啡馆要恢复其社交功能，还需要变革。咖啡馆几乎已失去接纳陌生人自发融入的能力，这需要时间来改变。咖啡连锁店应重视接纳陌生人并为其创造建立联系的环境，如社会神经科学家马修·利伯曼所说："我们生来应建立联系。"社会学家马克·格兰诺维特（Mark Granovetter）四十多年前早已有了开创性发现，在其《弱关系的力量》(*The Strength of Weak Ties*)一文中指出，人们可通过似乎不可能的途径建立各种有价值的联系。此文着重强调两点：首先，我们需要更频繁地面对面沟通；其次，我们需要在社交中弱化技术手段。正如李·西格尔所说的那样："你在互联网上遇到的人给你留下的印象有一半是出自你的想象……你用想象填补像素或数字技术留下的空白，他们的形象与你的鼠标和点击有关。"或者说，拥有社交灵魂的你们互相之间不得不在房间里期待美好的事情发生。

回到邓巴数以及建立亲密信任的话题。如果你不能与

第四章 社交天性

人促膝相对，就很难做到这一点。正如艾丽丝·门罗（Alice Munro）在其短篇小说《游离基》（*Free Radicals*）描述尼塔的性格时所说："事实证明，她真想手捧一个温暖的杯子，这是她经过数小时甚至是数天思考后得出的结论。"与人喝咖啡或进餐算得上是一种承诺，我想起了我多年来发展起来的商业关系，总是从一杯咖啡开始。我想起我们建立友谊过程中共进的每一餐，饮下的每一杯酒，我们互相对视并建立联系。

联系是生活的本质。虽然本书着眼于其负面因素，并探讨断开联系是否具有积极意义，但它是纯粹而原始的人类行为，如果将联系建立在信任基础上则鲜少出错。当交换的不仅仅是声音、目光和表情时，信任变得更加复杂。若你开始触摸，发生性行为，那么联系将变得更加复杂。

交友软件与性

> 而醒来,心里充满甜蜜的激荡,
> 不断,不断听着她细腻的呼吸,
> 就这样活着——或昏迷地死去。
> ——约翰·济慈,《灿烂的星》[1]

还有比某约翰或是某简更平凡的称谓吗?这类称谓最早用于英国司法程序的驱逐行动计划,通常用于指代犯罪行动中的无法确定身份的受害者。针对互联网约会网站阿什利-

---

① 本处选自穆旦译本。——编者注

麦迪逊（Ashley-Madison.com）提出的价值5亿美元诉讼中的受害人也适用此称谓。2015年，这家宣传语为"人生短暂，不如恋爱"的网站因黑客入侵致使资料泄露。

阿什利-麦迪逊事件似乎标志网络约会时代开始走向终结，然而统计数据显示并非如此。热爱社交的人们喜爱约会和性。Badoo网站是世界上规模最大的交友约会网站之一，该网站在全球190个国家拥有3亿用户，这个数字远远大于邓巴数。Tinder网站引入了信息匹配机制，使用户即刻建立联系且完成兴趣匹配，该网站每个月用户达5 000万人，且每天完成10亿次交友匹配。

这种性随意现象在西方国家及受到西方影响的地区已成常态，千禧一代眼睁睁地看着他们属于婴儿潮一代的父母走向离婚，于是想要避开传统的一夫一妻制并决心走上一条完全不同的道路。技术的进步为他们的想法提供了辅助和支持，交友市场才应运而生。阿什利-麦迪逊之类的网站助长了通奸行为，并为性随意提供了丰富的选择。《滚石》杂志以坦诚的态度对待性，其作者惊讶于一夫一妻制似乎已变成了稀有的现象。

无爱的伴侣

◉

引领潮流的通常是女性而不是男性,一位年轻女士告诉记者:"我希望与很多人建立有意义的联系并与多人交往,无论是否与性有关。"Tinder用户遇到一个新术语——"性伴侣",这意味着双方没有感情牵连。埃米·舒默(Amy Schumer),一位表现后女权主义的美国喜剧演员力图展现当代女性的真实情况,她说:"我会表达、分享、做爱、恋爱,我永远不会向因此受到惊吓的数百万人表示歉意。他们反对我说他们从来没有这样做过,其实,每一群女孩子当中,都有一个荡妇。如果你没有那样的朋友,你就是那个人。"我承认我内心很大程度上抗拒这种说法,尽管我是舒默的粉丝,并且看她在GQ年度男性奖颁奖礼表演时哈哈大笑,她

第四章 社交天性

说:"那太棒了,因为男人需要更多的奖励。"因为我不认为性和亲密关系可以分开讨论,无论是男人还是女人。

这让我想知道无论是随意的性行为,或者几乎毫无感情基础的性行为,是否都是由建立联系的渴望所促成的呢?或许这意味着我们拒绝越来越多地在屏幕前度过我们的生活,简而言之,我们希望放飞自我。让思绪回到几百年前,回到人们泡咖啡屋的日子。历史学家维克·加特雷尔(Vic Gatrell)记录了启蒙时期的波希米亚风靡伦敦的庞大规模与繁荣景象,它融合了新艺术、新思想、咖啡馆和俱乐部,以及另一种面对面的联系,即性关系。"如果性自由是波希米亚生活的必要条件,那么考文特花园特别幸运。除了蔬菜,鲜花和水果,空气中充满了强烈的性气息。"

网恋性关系存在其缺点和阴暗面,好像火药箱一般充满危险性。网上匿名通常会吸引那些有所隐瞒的人,在英国,2015年圣诞节前夕,一名23岁的女性凯蒂·洛克(Katie Locke)第一次约会时被在交友网站上结识的卡尔·兰德尔(Carl Langdell)勒死。起诉律师告诉法庭:"这位美丽而充满活力的历史和政治老师同意见面时,并不知道她的约会对象有精神病史。其实他早在几个月前已经向心理健康护理人员吐露,他会在杀害她们前后做什么。他与一位姑娘约会并将其幻想变为现实,然后就杀了她。死者正是凯蒂·洛克。"

另外，互联网约会采用的是付费方式。道德哲学家迈克尔·桑德尔（Michael Sandel）指出，交易形式本身可能引发贬值。他描绘了美国某些游说公司雇用无家可归者在国会大门外排队的可怕画面，谈及最古老的社交联系方式，桑德尔说："设想一下，如果你想多交朋友，你会试图购买友情吗？稍微思考一下你就会意识到这根本行不通，买来的朋友与真正的朋友差得太多了。"

我二十多岁的时候，一度担心我会嫁不出去，于是我加入了婚恋中介。那时的婚恋中介尚无互联网支撑，相互交流主要依靠电子邮件，你必须提交个人照片，并回答如今依靠算法分析的一系列常见问题。我选的是一张在威尔士酒吧门前拍摄的照片，照片上的我很亲切，按照要求我只能提交一张照片且不能摆特别的姿势。实际上，这是一种广告形式，我们这些形单影只的注册用户的照片被放在一起进行匹配，不得不说这种形式并不科学。一位有先见之明的朋友告诉我："你不会遇到你的梦中情人，朱莉娅，然而你会了解自己不想要的人是什么样子，当你遇到正确的人时，这种经历能帮助你选中他。"当我和从未见过的男人在路上徘徊时，这个令人沮丧的预言不断困扰着我。几周内，我已见了近十个人，但我只记得两次约会，有一次是约在莱斯特广场的酒吧见面。傍晚时分，酒吧里挤满了刚下班的人们，我只记得感到恐慌，因为伦敦当时正处于爱尔兰共和军爆炸威胁中。

第四章 社交天性

我现在明白我的恐慌来自被困于目标场所，我感到恐慌和焦虑，另外，我厌恶酒吧，更喜欢温馨的咖啡馆。我尽可能快地从人群中挤出去，记不清我约的人，只记得我对整个遭遇的感受。

我所记得的另一个约会地点是伦敦卡姆登镇的德兰西咖啡馆，位于著名旅游景点卡姆登洛克附近。时下那里遍布营业额颇高却毫无特色的咖啡馆，当时的德兰西咖啡馆却是家颇有20世纪80年代风格的小馆，很有特色。这里的风格效仿法国咖啡馆，供应美味的欧蕾咖啡以及奇特但美味的中欧美食，如法兰克福香肠和法式薯饼。此处绝对是美妙而迷人的，坐在铁艺大理石桌面的餐桌旁，抬头可望见墙上的画作，画中人的腿脚彼此勾缠。如今那咖啡馆早已不复存在，我的约会对象也已消失在人海，只记得一见面我就知道对方对我毫无吸引力。英国广播公司于2016年情人节期间对网络约会习惯进行了一次调查，一位离婚者对此表达了自己的想法：

在约会网站上，我们可以创建完美的个人资料，使用最好的照片和最具创意的文字来包装并创建身份，然后开始相信自己的真实情况就是这样。花了几个星期时间网聊之后，双方最终见面了。见面的一刹那，你立刻意识到双方无法达到对方期望而不再相见，没有感觉就是没有感觉，怀着沉重的心情回家之后，你会感到压抑和失败，然后回到原点再次陷入循环。①

时间一到，我们就怀着沉重的心情结束了约会。这类约会的本质就是相互评估，毫无浪漫可言。当时正值女性主义盛行，像我这样二十多岁的伦敦年轻姑娘并不期望男士买单，因此我认为我们会各自付账。然而当对方要求我为他付账时，我还是大吃一惊。他解释说他刚刚从国外归来，身上没有英镑，"除非他们能接受西班牙比塞塔"。我承认，这种情况令我感觉更糟了，不单单是双方没有感觉的问题，我根本不了解这个人或其他约会对象，彼此完全是陌生人。那一刻我意识到，我想找的是能让我产生熟悉感和认同感并相伴一生的人，这种毫无根据的随意约会并不适合我。几年后，我遇到了我丈夫。并非通过婚介，我们熟识已久，感情日增，决定牵手相伴余生。

对我来说，我的婚姻建立在现有人际关系基础上，更确切地说，是重建人际关系。并不是说与陌生人约会毫无意

---

① 英国广播公司 2016 年 2 月 12 日发布网文《约会游戏：哪些约会应用程序正在赢得世界之心》(The Dating Game: Which Dating Apps are Winning the Hearts of the World?)，可参阅 http://www.bbc.co.uk/news/resou-rces/idt-2e3f0042-75f6-4bd1-b4fe-9056540c65f8。——原注

义，利用数学算法匹配伴侣的做法也并非一无是处，我认为，浪漫关系应建立于共同努力的基础上，抛开性关系不谈，在更广泛的范畴中，这种对知识和任务的分享另有别称，即社会资本。

社会资本与沟通专家

◉

当历史学家兼评论员尼尔·弗格森（Niall Ferguson）在南威尔士买下一栋海滨别墅时，他对周围散落的垃圾感到不安。这里优美的风景应是完美无瑕的，然而事实却并非如此。于是每个周末他都会捡拾垃圾，他本以为别人不会加入他的行动，令他惊讶的是他的邻居们也加入了。弗格森写道："在某种意义上，我怀疑基于互联网的新型社交网络能取代现实中的人际网络，能取代那些帮助我清理海滩的人吗？"他的观点在此基础上更进一步，认为缺乏这种社区参与的公民社会是导致社会走向"全面堕落"的促成因素之一，而当下社会已经变得分裂、敌对和不稳定。尤瓦尔·诺亚·赫拉利的观点与之相呼应，声称人类的快速发展使人类变得不成熟、暴躁，缺乏社会性。

从多种意义上来说，我们这个社会鼓励和劝诫人们各人自扫门前雪，莫管他人瓦上霜，这种观念使得那些害羞内敛但才华横溢的设计师能利用日常技术设计出一系列具有独立性的产品，如耳机使我们连接到音响系统，触摸屏需要我们俯视和点击从而避免目光接触等。这类人通常被称为极客，实际上他们很可能是高度自我中心主义和现代社交交流环境共同培养出来的。

社会资本现在是一种可衡量价值的货币，一种经济形式的产出。21世纪初美国政治学家罗伯特·帕特南（Robert Putnam）在其著作《独自打保龄球》（*Bowling Alone*）一书中引入这一概念时，这种形式开始受到重视。帕特南警告称社会已变得孤立且与自身脱节，其中"作为大规模营销必要资金的金融资本已逐步取代作为基层公民网络的社会资本成为重中之重"。此分析获得了广泛呼应：街头和社区层面的群体社会联系被认为是健康的，与之相对的是只为维护自身利益而存在的孤立、分裂和孤独的群体。

我们如何齐心协力清理海滩或改善社区（或至少防止社区人际关系变得分裂和敌对）呢？上述做法属于社会资本功能范畴。世界银行将这种社会资本描述为"公民与社区的联系"。无论是因为具有一定社会地位者以身作则，还是因为社区本身具有驱动力和参与意识，人们都想要团结起来，而不是孤独地打着保龄球。

　　社会资本自然在我对社交健康的定义中有所体现，没有它你无法将事情联系起来或完成任务。无论是个人或是社区，无论是商业组织还是公民社区，若要建立联系，均需要社交健康的三个主要组成部分，即良好的知识管理能力、参与和建构网络的能力，以及充分的时间和空间。这些在一定程度上由良好的社会资本创造：向何人了解 x 或 y 的相关情况？我们怎样才能做到？已知 x 或 y 的前提下，如需快速完成这项工作则要求我们做到 x + y + z。建立和维护社会资本需要慷慨意识，即你必须同时给予和接受。管理学者亚当·格兰特（Adam Grant）对此进行了广泛研究，并将互惠和慷慨放在人们通过帮助他人来实现自助能力的中心位置。格兰特引用了安然的例子，安然的垮台标志着对大企业信任的终结，他注意到安然创始人肯尼斯·莱（Kenneth Lay）在每份公司报告中都使用了他自己的大照片，并在提到公司成就时以"我"而不是"我们"开头。自私和社会资本处于相反的两端。

　　热爱社交的人也可以是反社会的，即自私自利，或者说以自我为中心的，社交资本核心的网络机制与以自我为中心相抵触。我欣赏社会学家们不仅开始关注与群体相关的个体，还关注他们在一起可以干什么，如他们可以清扫哪些海滩。赛德商学院经济分析学家马克·文特雷斯卡（Marc

第四章 社交天性

Ventresca）是我参与世界经济论坛峰会期间在阿布扎比炙热的阳光下结识的人，他呼吁社会中出现更多的"体系建设者"，即有远见的企业家以综合的方式，包括拆分、重复利用、改变用途等手段实现其愿景。

谈及社会资本和社会健康，焦点不在于其如何推动事情的发展和促进积极性，而是在于某种程度上这种机制是自发的，能够适时做出反应。对我来说健康的状态是这样的：海滩堆满垃圾之前你是如何知道该清扫海滩的？回到我之前的观点，关于将生产力作为社会健康的关键衡量标准（全球生产力水平降低往往伴随肥胖水平升高），神经科学家马修·利伯曼已经测出人类大脑的固有结构会首先关注自身人际关系和爱情方面。他谈道："如果你花点时间思考一下，社交联系对于生产力方面的好处是不言而喻的……社交联系是一种资源，就像智力或互联网是资源一样，它们有助于完成需要做的事情。"

除了创业者，谁拥有社会资本？谁又能建立社会资本呢？社会和企业往往与之相关，那个人呢？这就要说到中间人了，他们能够在社区之间搭建网络，构建连接，并且拥有社会资本，即沟通专家。沟通专家这一概念由马尔科姆·格拉德韦尔在出版《引爆点》一书时提出并引起广泛注意，此书与帕特南的《独自打保龄球》同年出版。具有讽刺意味的是，2000年最轰动的文化事件却与孤独、自私有关，这种倾向在计算机领域一直盛行不衰，即索尼发布了 Playstation 2，全球销量超过 1.55 亿部。同年,《荒岛余生》(*Cast Away*)这部当年最受欢迎的电影之一也与孤独相关，其情节源于作家露西·欧文（Lucy Irvine）独自在荒岛上的经历。世界变得相互联系而又彼此孤立，但人们渴望联系，这些是，并且仍然是，社交灵魂自身存在的矛盾。

第五章

职场一族

我们的多元自我和灵魂被整齐划一的工作深深束缚着,然而当我们从办公室走出来,走回街头、草原和山谷时,一切都不同了。因此,工作将我们彼此相连,又断开我们之间的联系。

烟雾和阳光掩映下的摩天楼,拥有灵魂。
无论是来自草原和山谷,
还是来自城市的街道,
人们隐没于有二十层的高楼大厦之中,
蜂拥而至又倾巢而出。
男人和女人,男孩和女孩,
每日就这样进进出出于这摩天大楼
赋予了这栋建筑灵魂、梦想、思绪和记忆。

——卡尔·桑德堡(Carl Sandburg)
《摩天楼》(*Skyscraper*,1916)

糟糕的面试

一位穿着无可挑剔的女士问坐在她面前的那个稍显邋遢的面试者一个无法回答的问题:"那么,你都有哪些联系人?"那一瞬间,这位接受面试的年轻女子知道她尽管获得了面试资格,但她为此所做的准备远远不够。为什么会这样呢?她面试的这家出版社在出版界颇负盛名,而此前她在主流出版社仅仅工作了五个月。这姑娘曾开玩笑说,她的职业生涯始于伦敦北部的一家小型医疗出版社,而她当时还没拿到大学学位,此后她凭借出色的沟通联系能力在出版业巨头企鹅出版社获得一份营销方面的工作。鉴于此,她一定能够在这一行如鱼得水。毕竟,是这家新崛起的出版社的创始人赏识她的才能并挖掘了她。某日,这位姑娘正站在文件柜旁,该创始人突然出现并对她说:"我要给你一份工作。"那时她是多么傻啊!就在这位年轻无知的姑娘自以为天上掉下了馅饼时,一位身无分文的作家正坐在咖啡馆里涂涂写写,这位作家的作品最终将被这家新秀出版社出版,她就是J. K. 罗琳(J. K. Rowling),当时尚且默默无闻,终日在爱丁堡咖啡馆里写作。为她出版《哈利波特和魔法石》(*Harry Potter and the Philosopher's Stone*)并点燃文学界的出版商名为布鲁姆斯伯里(Bloomsbury)出版社。巧合的是,它也正是本书的出版商,而那天应聘这家出版社失败的姑娘就是我。

除了书籍之外,当时大规模连接的技术手段仍非今天的互联网,而是电话和电视。美国有线电视新闻网独树一帜,推出"滚动新闻"的新理念并连续播放新闻。就我而言,我当时常常使用电传机,那是个笨重的老古董,看上去像是一部大型号的打字机。当我的第一位老板身在法兰克福书展时,我习惯通过这种方式将出版物发送给他。

无论是在实际生活中,还是心理方面,我对技术应用都说不上着迷,而我的面试官则要求我在进入这家大企业之前必须熟悉并掌握使用一种叫作旋转名片夹的东西。它比电传机小得多,没有任何电线或插头,只有一个滚轮和随之翻动的纸张,用以管理联系人,我只在纽约见过这东西,当时还不知道其用处。你必须用联络人信息充实这个名片夹或用当时英国的同类产品斐来仕(Filofax)活页记事本(面试一结束我立刻去买了一个）。当面试官问我都有哪些联系人时，我只能说出一个，那就是我亲爱的沃尔叔叔，也就是著名《卫报》记者沃尔特·施瓦茨（Walter Schwarz）。当时他是该报宗教事务的专栏作家，说出他的名字让我觉得自己很愚蠢并且对人不忠诚。面试官感觉到了我的沮丧，她无可挑剔而彬彬有礼地问道："还有谁？"

面试地点是伦敦苏豪区的格劳乔俱乐部，这是一个由出版界和媒体精英开设的供人们饮酒和社交的活动场所，那时刚刚开业不久。这家俱乐部极具未来感，我很希望能够成为其中的一员，以至于当我最终获得新工作时，我放弃了加薪，而是要求成为俱乐部会员。在那些日子里，我的精神非常紧张，乃至我常常在附近的沃德街商店橱窗里练习过我的面部表情后，我才敢穿过旋转门进入那个百叶窗遮蔽的圆形空间。即使是白天，那里也是阴暗的，作家们等不到鸡尾酒时间来临便已开始饮酒作乐。那里确实声名狼藉，但我却满怀热情，对它的感觉是既喜爱又恐惧。

格劳乔俱乐部于1984年开业，以格劳乔·马克思（Groucho Marx）的名字命名，他曾说他不会加入任何一个接受他作为会员的俱乐部。格劳乔早早便预见到今天这个媒体、新闻、娱乐和艺术网络重叠的时代，当时的技术和数字化只意味着录像和DVD，听起来恍若隔世。这预见还包括新世界的相互联系和与旧世界的脱节。像格劳乔这样的成员俱乐部预示着两种事物的消亡：以当时绅士俱乐部为代表的关系网，以及沉闷的办公场所本身。今天的格劳乔俱乐部的部分空间充当了移动工作场所。今天的咖啡馆就像当年苏豪区咖啡馆的廉价版一样，迅速模仿格劳乔俱乐部充满时尚感的天鹅绒沙发。如今的新时尚是共同工作空间，不仅集中了各领域的专业人士，还改变了工作的方式和地点。我对我们所处的工作环境没有刻意去了解，然而在自己尚未意识到的情况下，我恰好在它开始改变的时候在其中获得了一席之地。

那天我在格劳乔俱乐部接受的面试或许对我来说是场灾难，却令我对工作世界，更多的是对当今网络世界有所了解。我了解到，如果你不能胜任一项工作，那么即使被录取或赢得面试机会都毫无意义。我了解到，我无法靠向他人求助来完成任务，在这种情况下，媒体联系人比其他什么都重要。我了解到失败是未来成功的先决条件。最后，我了解到世界变化很快：仅仅几个月前，我因获得了企鹅出版社的工作机会而感到站在了世界之巅；突然间，我必须学习全新的技能，我所了解的知识和我认识的人都需要改变。工作圈中有一件事是恒定的，就像它所反映的世界一样，它不断地移动和旋转。问题是，眼下完全连通的工作环境是否又过于固定和沉寂，使其员工反而无法建立全面联系呢？

镇 纸

◎

职业生涯很漫长,大约为 10 000 天[1],约相当于我们活了半个世纪之后步入老年的时长。当然,我们在这 45 年左右的时间也有无须工作的日子,我只计算了工作日,每年约有 225 天,排除了周末、公共假期,以及每年一到四周的年假[2],而且是按照每周五天工作制计算的。无论如何,除睡眠

---

[1] 有关工作时间没有全球统一标准,经合组织提供的年平均工作时间为 1766 小时。假设工作年龄为 20—65 岁,则工作时间为 45 年(有些国家工作时间多于假设值),多数全职工作者一生需工作近 80 000 小时,换算为天数则为 10 000 天。——原注

[2] 根据经合组织 2009 年社会一览特别研究报告《经合组织国家休闲时间衡量报告》(Measuring Leisure in OECD Countries),排除周末、公共假期及年假时间,排除不确定因素,工作者年平均工作时间为 41 周。——原注

之外的大部分时间都用来工作。当然,这是当你是一位有工作的幸运儿的情况,工作象征着财富和身份。对于我们许多人来说,工作也意味着团体是我们所属的地方,工作让我们保持健康,或者至少理论上是这样。

工作也是一个旅程——历时多年且带你进入不同的技术领域。在旅途中,你探索自身的长处和喜好,了解他人以及如何有所作为。无论如何,这是专业人士所向往的,或者说是那些希望成为专业人士的工作人员所渴望的工作状态。这一论述不适用于所有人,也不针对专业人士,因为后者的职业生涯往往优于他人。但是,专业工作者更有可能渴望通过工作获得满足感,并渴望获得某种补偿,补偿不限于奖金的形式,87%的千禧一代认为"企业的成功应该不仅仅靠财务业绩来衡量"。

根据牛津英语词典的定义,"职业"[①]("Career")一词是指"生活中的进程或进步",源于16世纪的法语单词carriére。19世纪初因公出差受到尊重并很有吸引力,然而上下班之旅会影响幸福感。有些人需要长途通勤,会遇到交通堵塞,搞得满头大汗;而有些人则可以在上班途中安静地阅读;有些人身处高架桥的车流中,听着地方电台的节目小声哼唱或听

[①] 关于"职业"的词源定义,可参考1988年版罗伯特·巴恩哈特(Robert Barnhart)编辑的《巴恩哈特词源字典》(*Barnhart Dictionary of Etymology*),出版社为H.W.威尔逊公司(H.W.Wilson Co.)。——原注

到早间政治节目后大喊大叫。在世界各地的城市中，正在进行着步行和骑自行车通勤的革命。事实上，我们上下班途中经历的就是一段旅程。越来越多的人踏入职场。即使是人工智能和"第二机器时代"①的支持者预测人类迟早将退出职场，到2030年，仍将有35亿人需要就业机会，大约占地球人口的一半。换言之，这个星球有一半人将用半生的时间来工作，超过三分之一的美国人已经成为自由职业者，大约在2030年，世界其他地区的劳动力分布可能会反映出相同的比例。也就是说，全世界五大洲的数百万人都在作为自由职业者和自雇人士各自努力，他们不会在工厂、办公室或商场中的静止工作空间办公，但他们仍然会工作。我们仍然希望从工作中获得满足感、组织、身份和自我认知，不是吗？

工作亦重如千钧。即使对于像我这样享受工作的人，在工作中感到精力充沛、富有创造力、富有成效和充满刺激，仍时常感到工作难以主宰和背负，有时感觉像是一种负担。我看待工作的方式与我书桌上堆放的纸张有关。虽然我经常进行移动办公，用我的 iPad 小键盘打字，我仍坚持要一张书

---

① "第二机器时代"这一说法最早出自埃里克·布林约尔松（Erik Brynjolfsson）与安德鲁·麦卡菲（Andrew McAfee）于2014年所著的《第二次机器时代：在技术辉煌时代工作、进步和繁荣》(*The Second Machine Age: Work, Progress, and Prosperity in a Time of Brilliant Technologies*)。——原注

桌。没有书桌会让我感觉不对劲,好像与工作脱节一般,即使我用那张书桌的时间越来越少,我仍坚持要有一张。我的桌上堆满了文件。有些人喜欢无纸化办公,自信可以及时找到想要的东西,我则不然,我需要阅读、涂涂写写,并实际触摸到我的工作。我喜欢分堆分组摆放文件,我喜欢看着这些文件慢慢堆积,最终慢慢消失,我喜欢看到工作进程并感知取得的进步。从实际情况看,纸张确实有时会弄乱我的桌子,大片凌乱的纸张堆在一起,就像孩子卧室的地板一样杂乱无章。有时我需要清理文件,进行归档、分类、分堆。我也会清理电子邮箱里的文档,将收件箱里的文件清理删除或归类。这两件事本质上相同,都是工作人生的一种证明。

在我的办公桌上,我通过一个简单的老办法来管理并控制工作量,那就是使用镇纸。镇纸诞生于19世纪早期的艺术和古董繁荣时期,海上交错的航海线路将镇纸送往这片土地上最好的居住区。那时办公桌成了新的地位象征,为此法国的巴卡拉和克利希的工匠用玻璃和水晶制作了各式各样的镇纸。在19世纪40年代和50年代工作的工匠们制作出的这些美丽物件,不但能压住纸张,而且以某种方式成为它所代表工作的美丽隐喻。镇纸反映了我们所承担的重要责任,无论是工作还是生活都没有回头路。

在我自己的职业生涯中,过去的七千多个日子里,我都是通过日记、组织系统、电传、打字机、台式电脑、掌上电脑、笔记本电脑、手机和 iPad 来工作的，然而我从未放弃过纸质文件。如今我们使用电子邮件沟通，然而书面文件仍是工作活动中最为神圣的存在，比如人们会亲手签署法律文件或接受手写文件。即使我们习惯于将文字存在 U 盘里，我们头脑中浮现的和公文包中随身携带的仍都是纸质文件。正如卡尔·桑德堡于 1916 年出版的《摩天楼》一诗中描写的那样，我们想传达的话语和意义随着人流而变动。作为诗来讲，《摩天楼》几近完美，此外这首诗运用了美妙的比喻来描绘大规模商业运输，也就是说通过纸质文件的传送表现办公室生活："领 10 美元周薪的速记员从公司管理人员、律师、效率工程师那里收到信件，大量的信件从建筑物送到地球的各个角落。"最好的工作状态是过境、运动和旅行，那么为什么这么多人的工作感觉恰恰与之相反呢？为什么在一个完全联通的世界中，我们感觉工作会如此让人疲于应付、难以承受？也许从某种程度上来说答案正在于书案本身，隐藏在办公室中。

孤独的摩天楼

> 道路漫长又如何,我终将找到终点。
>
> ——贝茜·史密斯(Bessie Smith)

1994年,网络浏览器Netscape首次出现,将你的案头与世界相连。这是全球取得社会进步的一年。当年,南非举行了第一次多种族选举并将纳尔逊·曼德拉(Nelson Mandela)选为总统,英法海底隧道竣工并迎来第一批游客,丹麦、以色列和瑞典宣告同性恋合法化。就在同一年,一份来自荷兰的报告高调宣布了办公室的没落。这份题为《办公室的消亡》(Het Nieuwe Werken)的报告预测虚拟办公室将大行其

第五章　职场一族

道，这归功于远程工作机会以及"适应人们工作态度和灵活性的行为环境"[①]。报告称，我们的工作所在地，即物理空间将不再如今天这般居于首要地位，对于许多上班族来说，即使他们现在仍要在格子间里埋头苦干，但这种预测却意味着自由空气的即将降临。20世纪90年代之于职场的重要性正如20世纪50年代之于女性主义一般，是不可逆的历史潮流，上班族将摆脱工作给他们带来的枷锁，获得自由。

　　回顾过去，我发现我一向讨厌被限制在工作场所或学校里，我总是跃跃欲试，试图逃离。在我们的中学，从主会堂巨大的平板玻璃窗向外望去，能看到这里距离伦敦北部的主干道——卡姆登路（Camden Road）仅几百码，距离牛津街（Oxford Street）这个购物天堂也只有一英里半的路程。20世纪70年代中期，汽车和卡车每天在道路上来来回回，我渴望出去，自由自在地穿梭于车流中。今天，我驱车穿梭于伦敦各会议场所之间，在更多的时间里，我并非待在办公室而是在往来于办公室的途中。这种过度或流动的特点或许可作为今天这个连通世界的隐喻，我想要动起来，在动态过程中不断学习和充实自己，这很大程度上是因为我在学业方面的失败，因此我选择了一条非传统的职业道路。除我之外，我

---

① 可参阅牛津大学出版社为联合国开发计划署出版的《1997年人类发展报告》（Human Development Report 1997）。——原注

所有的朋友都上了大学并获得了学位,没人上技术学院这样的学校。而我的工作模式令我偶然发现了当今职场所依赖的模式,即流动性、敏捷性、开放性,以及事无巨细均表现出的人性主义光辉。今日职场正如卡尔·桑德堡在诗中所描述的那样:不停流动,全面连接。而我们面对的问题或许是:我们要在何处安放我们的工作生活呢?

人们普遍认为在办公室工作是一项苦差事,是必须忍耐的负担。18世纪伦敦散文家、作家查尔斯·兰姆(Charles Lamb)的职业是一名职员,他抱怨道:"你不知道身处四面围墙之间,日复一日呼吸那里的空气是多么令人厌烦。"[1]20世纪60年代中期,曾有一位富有进取心的美国人开办了一家今天仍十分成功的连锁餐厅——T. G. I. Friday,其名意为"感谢上帝,星期五到了"。对于工作负担的感受与其环境关系很大,一些企业多年来致力于将办公室打造成令人愉快的工作场所,今天的企业家们努力使工作场所变得舒适怡人,这和薪酬同等重要。如脸书和谷歌这样的互联网巨头设立了广阔的工作空间,提供成人游戏中心和充实的厨房,以吸引

---

[1] 查尔斯·兰姆(1775–1834),散文家和作家,此处引自2013年7月13日英国广播公司杂志中《办公室发明溯源》(How the Office Was Invented)一文,这篇文章基于英国广播公司第四电台露西·凯拉韦(Lucy Kellaway)的节目《办公生活的前世今生》(History of Office Life)。——原注

其员工留下来玩和工作，而不是离开公司。但是，办公楼仍然是独立建筑，人们在此忙忙碌碌。办公室仍非健康连接的人类空间，而只是办公场所。人们认为办公环境的外在因素等同于其内在因素，然而两者并不一样。

我们从统计数据了解到工作场所的欺凌行为不断增加。20世纪90年代中期互联网络连接时代正式开始，那时社会科学研究人员已经开始预测问题会出现。即使是在谷歌那种世界上最令人向往的公司，如果你属于千禧一代的话，你将在谷歌体会到无意识的偏见。[1] 私下里，大多数全球知名品牌企业均存在着众所周知的社交健康状况不佳的现象，如孤立、欺凌、停滞不前等。因为实际工作将员工们聚集在一起是为了实现线性增长，若同时告诉他们将身处于横向敏感的工作场所，这显然是矛盾的，人们都知道这一点。因此，无论是坐在灰墙办公室中的人，还是在那些设有乒乓球桌和原色沙发的工作场所工作的人，除非他们在工作中拥有社交健康，否则这两者并无根本不同。人们需要良好的知识流动、社交网络以及正确的时间表和节奏，还需要良好的管理、沟通和操作常识以及感受能力。工作的完成不仅仅依赖于系统，也与公司的声誉、财力或者吸引力有关。我们面对的

---

[1] 2016年国际劳动妇女节期间，英国广播公司主办的一个关于妇女多样性的小组讨论中提及。——原注

现实是：办公室只是问题的发生地，需要改变的是人类的行为、态度、做法和心态。

这些问题可以有多种看待方法。我们需要应对超载时代，它涉及工作内容、技术和复杂性等多个方面。是的，你可以在工作的时候从山顶俯瞰美景，只要你有正确的应对机制来完成你的工作，否则美景将化为乌有。应对机制指的是你拥有良好的管理和沟通能力，能够使用常识处理你的工作，以及明确为谁、如何提供服务。然而，事实上，你的这些需求也正暴露了你在这些方面的欠缺。

职场人往往缺乏常识。从15年前开始，一部名为《办公室》(*The Office*)的大型电视剧即以一位自我为中心、个性荒谬的经理为主人公，并对其进行了恶搞和嘲弄。该剧已由超过80个国家购买，可见是一部引发普遍共鸣的主题，即充满现代办公生活的无意义悲剧。[1] 即使你身边没有这样的白痴经理，或者你不必在办公室工作，但你仍会通过智能手机或笔记本电脑与职场相连。你利用邮箱的"全部回复"功能发送大量电子邮件，结果发现那些电子邮件已在传送中

---

[1] 在全球范围获得成功的电视剧《办公室》于2001年首次由英国人里基·热尔韦（Ricky Gervais）和斯蒂芬·麦钱特（Stephen Merchant）在英国创作并播出，多展示又悲又喜、毫无意义的办公室生活，这一主题在乔书亚·费里斯（Joshua Ferris）2008年出版的《曲终人散》(*Then We Came to the End*) 小说中也得以体现。——原注

失去其意义，并错过了最佳行动时机。这些现象已为大家所公认并为此愤愤不平，都正好影响了本应该是最有生产力的黄金时间——每周 40 小时。我几乎可以看到你在频频点头。在办公室工作时，你明明知道只需要 5 分钟就可以走到对方的办公桌前，却宁愿发电子邮件与对方联系。我们的办公室已成为一个呆板的筒仓，我们忘记了人可以借助感官来工作，而不是将任务分配给机器。在家工作或远程办公都存在其危险和问题，最明显的问题即为人们将与他人隔绝。

因此，聪明的企业正在综合利用多种方法解决问题。这些企业未尝试将办公室装修成豪华宫殿，也没有无休止地举行团队会议，或是让员工通过虚拟方式工作，令其员工失去团队意识。他们在创造和设计工作环境时考虑的是如何迎合员工的真实行为，方便人们的真实活动、聚集和沟通。他们不只关心边界，也关心员工的生存空间，他们关心如何设计联系当下和未来的空间，并加以实现。

水培植物工作区

我们都知道工蜂的特性——集体工作、默默无闻、鲜有回报,我们的工作与蜂巢内的活动类似。事实上,蜜蜂在很多方面都是社会健康的榜样,因为蜜蜂无论是在社会方面还是工作方面,其效率在生物界均堪称楷模——它们建造蜂巢,组织授粉,储存蜂蜜。在某种意义上,蜜蜂是有等级之分的,其社会顶层就是蜂王。然而,作为蜂巢社会的一员,它们必须协调合作,否则就无法生存。我们同样如此。蜜蜂是昆虫王国的核心,将植物与我们联系起来,难怪查尔斯·达尔文投入了大量时间和精力去研究它们。我们的语言中存在许多将蜜蜂行为和人类观念加以结合的表达,如蜂巢思维、群体智慧、群体思维等,这些表达均存在反乌托邦的弱点。但对我来说，要点在于蜜蜂能够协作完成任务，蜜蜂以集体的形式组织起来，创造、贮藏和管理它们的成果，运转良好。蜜蜂之间的相处之道并非我的研究兴趣所在，我关注的是来自大自然的蜜蜂其本性如何，我们人类如何借鉴。

有些人已经在向其学习。自由职业者的数量不断增长，已与办公室工作人员数量相匹配。身处超载时代，我们无法仅在固定环境中工作，因此新的办公系统得以开发。新系统的设计借鉴生态体系，以伦敦和里斯本的"第二家园"写字楼为例，虚拟工作空间"第二家园"建立在一套关乎生产力和集体努力的新原则基础上，这里拥有成千上万的植物和树木，以及提供完美环境的自然光源。人们或许可以在孤立的非自然条件下工作，或者他们可以走来走去，从工作环境中汲取能量和创造力。另一个例子是由伦敦的企业家欧利·奥尔森（Olly Olsen）设立的"办公集团"，他在接受采访时表示，"工作空间必须是为了特定目的和审美而设计的"。自由职业办公空间的扩展或者可视为工作走向社交健康的标志：人们希望彼此联系，力图富有成效，但他们也想要良好的办公环境。正如我们喜欢漂亮的健身房和榨汁机一样，当然我们现在需要不错的办公室。人们不再建造摩天大楼，WeWork集团在美国、以色列、加拿大、韩国、中国、法国、澳大利亚、英国、德国、荷兰和墨西哥设有办公区，其办公区不仅提供空间，还提供"学习、社交网络和灵感"。这里的办公空间设有水培植物，专为充满协作性与创造性的合作而设计，其目的不是单纯地要将工作环境变成"绿色空间"，如果该设计有助于提高生产力，那么证明该设计是有效的。

将虚拟办公空间称为"家"也很聪明，培养家庭式氛围及小规模环境和团队的公司业绩更佳。2015年，谷歌仅在一天内就交易了价值超过650亿美元的股票，然而其在全球总共只雇佣了5万名员工。谷歌一直被评为世界上最受欢迎的工作场所，不仅仅是因为它的魅力和时尚，还因为它的布局模仿了家庭式校园。这一设计风格是由媒体技术领域的亿万富翁兼慈善家迈克尔·布隆伯格（Michael Bloomberg）开创的，其内部设立员工食堂、健身房和社交场所，旨在为员工建立联系，但也巧妙地打消了员工在工作时间离开办公楼的念头。

英国的国家医疗系统采用的则是一种大不相同的运作模式，在此叫与科技巨头所采用的工作体系加以比较。英国国家医疗系统是全球第五大雇主，饱受现代金融和管理压力问题的困扰，其员工士气颇为低落。2015年，该体系内的初级医生因薪酬低而罢工。尽管大多数员工非常忠诚，但该系统无法让其员工感受到被关爱，其规模决定了其结构极为复杂。该体系之庞大杜绝了任何有意义的改变的可能，或者即使有所改变也无法掀起太大波澜。问题的规模与其成因有关，政府部门也深知这一点。人与人之间相互联系意味着实现某种人际关系,因此我们需要重新设计我们的生活和工作方式,以实现信任、联系、沟通、流程和效益,上述所有均可顺利地以合理方式相互结合。

智能互联工作的未来在于使"办公空间"远离孤立和脱节。不久前,我和为一家全球咨询公司工作的男士一起喝咖啡,他的全部职业生涯几乎都奉献于此。他本人对创新非常感兴趣,却不断使用"中断"这个词来描述他的公司。"中断(联系)"现象对商业和工业的破坏性极强,短短几个月就导致了黑莓公司走向覆灭。新的独立企业家应运而生,带来了共同工作空间的概念,因此摩天办公楼大幅贬值,而摆有水培植物的新办公空间大受欢迎。

"中断(联系)"对于老牌企业巨头来说是个大难题,灵活的小公司却长于应对。这位与我喝咖啡的男士说:"员工只做了两年就要辞职,无论满足他们什么条件都无法挽留,他们只想离开而已。"我对此并不感到惊讶,相对于我们生存的这个灵动的世界而言,流动存在于方方面面,包括信息、知识和知识工作者的流动。这与大型企业一直以来坚持的理念相悖,公司更希望其员工长留于岗位上,而人们则不希望长期留在某公司某岗位上。因为他们知道他们在单一的公司、社区和系统中无法建立社交网络,无法满足好奇心,这才应该是公司最关注的。社交健康意味着保持真实,实际上通常意味着放手。

曾几何时，"全球化"被认为充满了自由和机遇，现在对它的评价则开始褒贬不一。正如第一章中所述，即便是职场幸运儿，他的工作生活也充满着敌对、紧张和威胁。公司正在努力寻找恰当的工作组织方式，不管企业做什么（生产产品或提供服务供人们消费），人们都会认为，就目前来说，这都是为了企业的声誉。我之所以强调"目前"，是因为仅在十年之前，人们还认为企业这样做是为了"声誉"和"企业的社会责任"。声誉管理以及其他面向公众的维护性措施，已然成了公司的一大支出，几乎要与最大的市场营销支出——广告——持平。

2008年经济大波动之前，企业界的流行词汇是企业的社会责任，即企业除了赚取巨额利润，应尽量回馈社会。2008年后，社会气氛发生了变化，所谓的企业社会责任开始被视为巨额利润的遮羞布。千禧一代员工想从所在公司获得的不只是金钱和津贴，消费者想要的不仅仅是廉价产品，社会活动家们普遍认为企业在获取暴利之余，应通过大量捐赠回馈社会，因此诸如壳牌和BP英国石油公司均成为其目标，即使这些企业通过资助艺术领域做了很多好事，也被视为是一种弥补。"目的"这一新的流行语被证明是难以捉摸的。

众所周知，全球生产率水平低与健康存在联系。世界银行、国际劳工组织、经合组织和世界经济论坛致力于解决人类福祉问题，却都没有解决社交健康问题。他们相对孤立地看待社会资本或压力,而不是将它们作为基本的、相互关联和联合的因素看待,而这两种因素对产出有明显影响。工人们情绪不佳,不清楚他应做什么或该如何做。20世纪90年代后期的通信革命应该厘清一点:地球上每个人都应与伟大的想法、实践和进程联系在一起。导致问题的关键不在于"目的",而是"联系"和"(联系)中断"。公司和组织需要将注意力转移到内部和外部联系,以及员工和消费者之间的联系上来,这比所谓的"内部沟通"更重要,也比"培训"更重要。它也宣告了外包的终结。目的的脱节以及管理层和基层的脱节,造成大量磨损、压力、士气低沉以及员工身心健康不佳。社交健康战略既可预防,也可解决这种状况。

工作的人需要知道他们可以找到他所需的东西,可以在恰当的时间找到正确的信息,联系到合适的人。他们需要知道何时可以切断以及如何切断联系,需要感受他们所做的事情,了解何时何地及如何去做。他们需要感受到其价值,这些是产出和生产力的内在驱动力。千禧一代会在工作中用"脚"投票,在一项针对中国、哥伦比亚、土耳其、加拿大、意大利、美国和英国的4 000多人的全球调查中,预计仅有20%的人考虑到报酬会在原先的工作岗位上待到2020年,而在有"价值认同"的地方,这一数字将增加到61%。换句话说,社交健康已经体现在了数据中,只待被人看到和理解。

求职网站大热的原因与社交媒体网络雷同,因为他们使用数据筛选和传播的方式相同,即特定条件下的热词搜索。有关企业组织经营不善,企业老板为富不仁的言辞得以在社交媒体上迅速传播,类似的还有消费者投诉意见等。美泰克(Maytag)作为洗衣机生产商曾经历过上述情况。一位新生儿妈妈在博客上披露了该厂生产的洗衣机出现的故障问题,随后她的推特阅读量也因此在短时间超过100万,美泰克公司不得不为她更换洗衣机,公司洗衣机的销售量也因此下滑。美泰克的管理层在想些什么?在其业务管理过程中发生了什么导致其反应迟钝?问题的关键似乎出在声誉方面:此事最终应由公关人员告知高级管理层,并告知事情的严重性,然而此事却与公共关系无关。由于新机器出现故障,家有新生婴儿的顾客无法洗衣,该公司却在尝试摆脱责任,因为该公司暂时忘记了社交媒体强大的新兴力量。当时是2009年,美泰克以为可以对这个问题视而不见,如果美泰克可以及时认清情况,将产品与客户体验联系起来并积极解决问题,本来这次危机是可以避免的。

管理大师汤姆·彼得斯(Tom Peters)推出了一个令人耳目一新的实用管理方法,其中组织行为是事情成功与否的关键。20世纪90年代初,办公室已全面配备电脑并可随时接收信息,电子邮件和互联网尚未大行其道,他和许多管理大师一样,已然看到了未来。他开始以好奇心及其价值为切入点进行写作:你是否想知道你不知道什么,你是否想知道你可能已错过了哪些富有价值的事物？商业世界和组织世界都持有确定性的概念，即使这就好比试图在快速流动的河流中抓牢一根树干一样，但你不可能永远停留在同一地方。让我们回到运动这个话题，具有流动性的工作场所优于其他，营销作家塞思·戈丁（Seth Godin）说："好奇与收入无关，与教育无关……它与发掘新事物的欲望有关。"

这也说明了为什么社交健康与知识、网络和时间等一切需要善加利用的东西不同。它不是一个组成部件，而是一种与管理、沟通以及常识相关的应对和矫正机制。这些因素应综合为一体，就像健康和健身一样，涵盖血压、体重、身体健康指数、饮食、运动和休息放松。工作场所的社交健康关乎运动和协调，如果组成部分过于迟滞，或过于孤立，则可能带来灾难性后果。

世界卫生组织本身的建立旨在关注健康并建立联系，公平来说，这一组织的存在所起到的作用利大于弊。然而，其关键弊端在于规模庞大，缺乏流动性和敏捷性，无法达到平衡。组织之臃肿致使其行动过当，导致在"非典"疫情中应对不佳；其行动迟滞又导致对寨卡病毒的控制不力；暴发埃博拉病毒之时，同样行动失衡、应对失当、迟滞不堪。世界卫生组织位于日内瓦的总部与非洲病毒暴发地在行动方面完全失调，他们饱受束缚，不得不等待批准，而此时更为灵活的无国界医生组织早已付诸行动。最近世界卫生组织不得不应对一系列重要的智囊团报告，一篇标题为"世界卫生组织是什么？"，另一篇发自2016年路透社的文章则更为犀利，标题为"世界卫生组织的关键挑战：自我治愈"，该文章指出了它在"埃博拉危机中显而易见的结构缺陷"。

大多数组织的结构是中央集中的，通常为辐射式，其中枢或控制中心常称为企业中心，然后辐射末端的其他部门，管理往往按国家、产品或地区分组，均在相同的基础上运作。这种结构对于大型组织本身常造成进步的障碍，令人不舒服，甚至令人反感。成功的大型组织往往以领导层为中心，并依赖于高度分散的结构，在这样的结构中，非正式的自主的格子结构取代了严格控制的自上而下的结构。不幸的是，这种构成在刑事犯罪组织和恐怖主义网络中比在合法的工作场所更常见。

21世纪初的前后10年，适逢全面连接的时代。在这个时代，组织的连接性越强、力量越大，富有创造性的成功联合就越容易诞生，反之将阻碍和降低生产力。我们不妨对比一下布鲁塞尔六支警察部队的效率和2015年巴黎恐怖分子的灵活性和移动性，这简直不堪回首。

我们需要了解一下基础知识，重新阅读伟大的管理思想家，如彼得·德鲁克和汤姆·彼得斯的著作，并请教当代组织行为专家，如埃米尼亚·伊瓦拉和林达·格拉顿（Lynda Gratton），了解如何以人为本，展现多才多艺，利用常识，应用高度网络化的配置，使人力资源运作良好。答案不在于"领导力"，而在于经理人的行为。是什么在激励着商业世界？是什么带来了增长和利润？是什么激励着人们？又是什么激励了价值诞生？这些因素的缺乏导致了我们一次又一次看到中心组织脱节，其答案某种程度上在于一些简单的事情，如保持真实、保持常识，而不是系统意识。当然，成功的组织需要高度协调的管理、沟通和基于感知的应对机制，正如我所说的那样，保持信息、知识、网络的健康流动，并允许其在恰当的时间，以合适的节奏发生。但是，这个过程有时停滞不前。这个系统经常停滞，其罪魁祸首通常也是受害者，即高级经理。

高级经理

这个群体是经理人，困于领导地位的坚冰下，困在无尽的电子邮件、文件中，困在摩天大楼的楼层之间的某个地方。没有人指引他们的方向，策划他们的知识体系，设计管理系统并将他们集中在最可能有成效的地方。他们没有参与感和兴奋感，换句话说，毫无激励感。

这一群体可能开始觉得不仅仅是被困住，而是被骗了。他们努力学习以获得他们的第一个，也许是第二个学位，在找到工作之前，他们参加了无数次面试，受到了详细询问。现在，他们很快就会面临一种特殊的孤立，他们对自己的公司了解很多，却无法与任何人或事物建立联系。公司的规模越大或其网络越大，技术联系就越多，个人风险也就越大。

更残酷的是,当他们在摩天大楼中获得提升时,他们的个人价值并没有提升,相应的风险反而增加了,除非他们不断提升自己,否则这些管理人员就会像闪亮的新车一样,在离开车库的一刹那就开始贬值。

似乎是嫌大企业生活中的系统脱节现象还不够糟糕,我们所处的超载时代又来了个雪上加霜。美国学者雪莉·特克在她的著作《群体性孤独》(*Alone Together*)中写道:"我们的网络生活使我们能够相互躲避,即使我们事实上彼此相连,我们宁愿发短信也不愿意开口交谈。所以高级经理们是时代的生物,他们的职位令他们更多地留在办公室,事实上,在某种程度上,那里令他们感觉更加安全。尽管企业给他们职称并提供领导艺术方面的培训,但他们的信心往往会消失。"

网络可以且应该是对高级经理的一次解放。网络允许人们创建不同的联系并发表不同的见解和想法,但是高级经理常常很羞怯。他们通常以工作压力为借口厌恶网络,实际上,他们常常觉得自身无话可说,无法做出什么贡献,或者他们会被要求证明其所花费的工作时间的合理性。所以,他们待在办公室内并且停滞不前。我不欣赏那些首先保证出勤其次不时外出的人,与之相比,我更欣赏那些愿意投入职场社交的人,问题是其方式通常是错误的。

事情通常是这样,举行一场枯燥的会议,参会人员毫无个性,千人一面,他们来这里的目的就是谋求业务发展。我甚至会这样建议,请不要在会议结束时安排所谓的社交酒会,这种活动毫无人文关怀也毫无建设性意义,既不是建立在社交理论上,其实践模式也与有意义的社交行为严重脱节。也许这就是为何麻省理工学院《斯隆管理评论》(*Sloan Management Review*)这样指出:

> 许多公司委派员工与他人建立业务联系时往往相交甚浅,拍个肩膀之后就再无下文。管理层百思不得其解,为何他们的员工常常陷入熟悉的陷阱,譬如喜欢依赖狭窄的人际关系,其信息来源或为同事,或为同乡,或仅仅是与他们投脾气的人而已。相比之下,高绩效员工常可避开这类陷阱。高绩效者的关系网络并非守株待兔,而是积极拓展从而提升其业绩表现。

第二种企业社交类型,与上文所述的商务招待性质一致,就是那些以"领导力"名义举办的活动。此类活动已成为企业界高层次、上层结构和远大抱负的代名词,但其存在往往与现今所需的新式横向联系模式关系甚微。大量管理人员参与培训,参加团队建设,在急流中一起划皮划艇以建立旧式联系。这样的做法并非万能,它无法令员工与思想相联系,也无法将个人兴趣与公司利益相结合。与我们其他人一样,高级经理具有双重身份:职场人士与个体自我。有一个混合的自我:他们既是专业人士又是个人。工作与真实的个人,以及他们的所思所感结合得越好,效果也越好。

如果令高级经理们与外界隔绝,让他们在筒仓环境中工作,他们的反应如同受到了重大威胁一般,因无法调整自身而精疲力竭。我常常透过企业里一扇扇的玻璃透视职场生活,随后惊讶地发现各部门以现在这种复杂的方式运作却也只能为其员工提供工作并帮他们保住饭碗而已。企业里的人事部门的常见设置为人力资源部(我有位朋友戏称之为"人力剩余部"),其部门运转依赖的是一些极为有趣的人,他们一方面顾及企业文化和企业群体,另一方面却为员工安排最乏味且没有成效的工作实践方式,其中最糟糕的一种做法叫作"评估"。

所谓的"全面评估"在本人看来是地狱一般的存在,目前仍有大型公司要求同事之间进行评估,包括为彼此的工作表现评级。这种做法跟质量管理人员在超级市场的工作方式一样。对他们来说,产品的质量不是最受关注的,更应该关注的是产品如何符合其外观要求,这可能就是为什么我在最短时期内放弃了加入企业的原因,因为我觉得我能预见其缺陷并对这种工作方式毫无兴趣,我并不想攀上这高高的枝头。很长一段时间里,我读到的最好的消息是大公司已开始摒弃这些无益于生产,更无益于社交健康的做法。英国《金融时报》(*Financial Times*)的管理和职场专栏作家露西·凯拉韦指出:"每年该体系浪费两亿英镑给错误的人,让几乎所有人失去工作动力,并让整个工作环境变得无聊和讨厌。"

我们将这些公司中的人们从他们习惯的工作生活方式带出来,带他们参与我设计创办的会议,他们感受到的是吸收大量知识后的惬意感。事实证明,许多拥有大型企业高级经理职称的人实际上被迫与其工作进行捆绑,只能做一些与其兴趣无关的重复性任务。参与我所组织的活动的时候,他们由此进入可以畅所欲言的环境,自由谈论他们的观点,他们自由呼吸的同时也感到有些内疚。他们在讨论中急不可待地吸收思想,仿佛这样做是不被允许的一样,这带来了商业灵感,但也令人沮丧。这有可能是提高生产力的关键吗?难道这就是领导者举办活动希望召集精英企业家的原因吗?他们是拥有自主权和独立性的人,而不是戴着镣铐舞蹈的经理人,他们可以通过追求真正喜欢的事情来提高生产力。我相信是这样。

让我们回到社交健康的概念及其六个核心组成部分:掌控知识、网络和时间,并拥有正确的管理、沟通和第六感。了解错误以及如何进行自我纠正。花时间评估同事或被同事评估,这真的健康吗?除了正式评估没有其他沟通渠道,出现问题时却不能直说，这又有什么意义呢？

伦敦哈林盖区的社会工作状况令我倍感困扰。该地区一名代号为"Baby P"的年仅两岁的幼童被其继父谋杀，社会关怀体系对这个孩子似乎熟视无睹，尽管他确实身处其中，并应受到密切关注。然而关注他的社工人员本身就是灾难性的社会条件和工作文化的受害者，他们的经历几乎与这个孩子所经历的一样具有毁灭性。办案人员在这个孩子去世后进行案件审查时了解到社会工作者同样缺乏社交健康，他们的工作时间紧且工作量巨大，因此根本没有机会详细查看复杂的案卷。这些案件处理不力，社工人员完全没有支持网络，没有人协助他们联系彼此，只有工作同样混乱的上级管理人员在关注。社工们的人员更提及工作交接使得这名受害幼儿的信息中断，监控工作脱离正轨，这一情况与索厄姆谋杀案一致，根本没有机会纠正社工工作的疏漏来拯救这个孩子。多年来这个孩子登载在媒体上的照片令我难以忘怀，长着金黄头发的小男孩以充满信任和天真的眼神望向为他拍照的凶犯，而他的母亲竟然用巧克力遮盖小男孩脸上因凶犯施暴造成的伤痕。如果是我，面对这样一个满脸伤痕的两岁儿童，我心中必然大响警钟，那么这些以此为工作的人又怎么会完全失职呢？因为过度疲倦、压力和焦虑，使他们之间的联系完全断绝了，以至于无法胜任这份工作了吗？事实的确如此。这样的事件每年在英国发生近百次。当然，谋杀或虐待是无法预防的，但社会工作文化中确实存在着一个共同缺陷，即这里完全没有健康的社交体系，该体系已陷入崩溃。

另一例证是联邦调查局 2016 年的工作疏漏。该机构曾短暂监视过一名叫奥马尔·马丁（Omar Mateen）的美国公民，怀疑其为伊斯兰极端主义分子。这名男子可能是同性恋者，存在心理健康问题却未接受任何治疗，其表现得像一个同性恋恐惧者。2015 年 6 月，该男子在佛罗里达州奥兰多的 LGBT 夜总会发动了美国历史上最大规模的枪击事件，联邦调查局不仅突然中断了对其监视，且未做任何有意义的努力。例如，该男子购买大量军械和弹药时，联邦调查局未做任何追踪。此外，该男子是一名家庭暴力施虐者，联邦调查局依然忽略了大量的细节。如果了解该情况，联邦调查局能够分享其暴力虐待配偶的记录该多好！另外他们的监控时间过短，导致其有充裕的时间购买枪支弹药，却没有引发任何警觉。

商业文化又如何？其疏漏何在？企业中充斥着因社交健康状况不佳导致的后遗症，包括沟通不畅、决策仓促、管理效率低下、情感素养缺失，以及加剧不良行为的网络局限等。例子不胜枚举，如安然公司、英国石油公司的钻井平台事件，以及英国零售商 BHS 的倒闭等。每一家表现不佳的公司通常至少缺失社交健康六要素中的三项，往往公司规模越大，其对失败所负的责任就越大。组织越大，其依赖技术联系的风险就越大,对知识的生疏程度就越严重,在智力联系和内向知识流动方面越存在严重问题。

具有讽刺意味的是,高级经理们表面上建立了极为密切的联系,许多人每天在线时间长达11个小时。研究发现办公时间内可能涵盖多达88个独立的10分钟时段的工作时间,员工通过电子邮件和其他短暂非连续性的方式互动。[1]难怪全球经济趋于平稳的同时,出差次数还在增加,这几乎是承受重压、备受折磨的高管们重新回到平板床并关闭手机的唯一许可时间。是的,我看到他们中的一些人在10个小时的跨海飞行中急切地离开了,但他们大部分时间都做我做的事:戴上耳机,补上他们本来太忙来不及看的电影和小说,除此之外别无他法。

高级经理们在企业中的位置相当于政治圈中的中间一派,压力巨大。他们受过教育,通过了面试,通过了工作评估,然而这些经历并未令他们的工作更有成效、更加快乐,或更好的与其工作建立联系。他们备受漠视、不受欢迎、遭到孤立。

---

[1] 可参阅伦敦政治经济学院社会学教授和英国国家学术院院士朱迪·瓦奇曼(Judy Wajcman),《时间紧迫:数字资本主义中的生活加速》(Pressed for Time: The Acceleration of Life in Digital Capitalism)当中名为《工作的频率和持续时长》(Frequency and Duration of Work Episodes)的章节,其中提到了工作的频率和时长。——原注

有些人关心职称,事实上,大多数人都关心。我们的工作职称意味着一种身份,经理职称曾经意味着你有指定停车位或自己的办公室。人们喜欢升职,因为这标志着成功地管理别人。但是,为了不至于停滞不前,成为一名优秀且富有成效的经理人,你需要的不仅仅是运气,不仅仅是技能,不仅仅是良好的领导能力,你还需要洞察边缘人群的能力。

边缘人群

◎

几何学中,连接两个顶点的特殊线段叫作边。
在多边形中,边界上的线段通常称为边。
——维基百科关于几何学中"边"的定义

想象一下,如果埃博拉病毒在大城市或附近的机场传播会是一种什么情况?可见在健康和安全范畴中,过度联系的危险也是显而易见的。一些渔村因与塞拉利昂机场太过临近,导致其成为2014年几内亚疫情加速爆发的主要原因之一,该地疫情与1976年刚果民主共和国境内较为偏远的地区爆发的疫情有所不同。一旦像路易丝·卡马诺这样的人(我在前言中讲过这个故事）越过没有边境管制的地区，而该地区靠近一个临近的全球主要枢纽城市（故事中是蒙罗维亚），风险则开始升级。一旦这个问题使枢纽瘫痪，问题会很快借助网络传播扩大化，或者直白地说，将变得失控。

路易丝来自边缘地区，她不是濒死之人，但显然传染了她周围的人。事实上当局确切知道她接触过这种病毒，但他们非常担心关闭国境和隔离海关的政治影响，因此不顾当地主要慈善机构无国界医生组织的建议，没有隔离每一个接触过此类型病毒的人。这个小型慈善机构的组织结构与中央集中管理的世界卫生组织不同，相对比较边缘化，因此，在关键时刻被忽略了。"边缘"一词的字典定义是"与主要或最重要的部分无关"或"位于边缘"。①

组织网络分析家罗伯·克罗斯（Rob Cross）曾进行了广泛的研究，揭示了他所谓的"高度边缘化人群"的价值。他们或处于边缘，或可能被边缘化。在公司中，这些人是那些我们看一眼就觉得不太重要的人，位于权力圈外围或关键工作外围。然而，仔细观察就会发现，通常这些人能发挥关键作用。就疾病而言，这个群体可改变健康状况，在传染病范畴中，路易丝·卡马诺扮演的正是这样的角色；在性传播疾

---

① 韦氏词典对"peripheral"一词的定义。——原注

病范畴中,通常是与群体接触的外来人使疾病大肆传播。①可以说这个群体对社交健康影响颇深。企业和组织擅长将不同群体聚集在一起以分享知识,他们发现外围人物可能提供非常有价值的信息,可以给出许多答案。

在我的职业生涯中,我扮演的应该是一个外围的局外人角色。由于偶然原因,我最终出现在职场边缘而不是中心,这主要是因为我在校期间并没有拿到学位。我的社交网络始于休学和大学期间,但我还是在家里找到了工作。我的工作没什么特别,作为一家小型医疗出版社的接待员,我的工作包括阅读帖子、提交文件、接听电话,还曾被一位名叫塞尔维(Sylvie)的令人印象深刻的法国女人热情拥抱,她既激励了我又吓坏了我。我站立几个小时复印800页关于运动受伤的手稿,同时兼顾其他。我注意到,宣传经理的职位对我来说比生产协调人员更有趣。早期待在出版社的那些时日里,人们对我的期望不高,他们仅仅希望我午休后早点归来或是不要在信函中出现打字错误,然而我却有一些其他发现。我注意到,无论规模多么小的公司,都像一个家庭一样

---

① 美国社会学家查尔斯·卡杜申是社交网络分析的先驱,撰文解析了可预知与不可预知的病毒感染模式的重要性。卡杜申分析了艾滋病阳性病毒的不稳定传播方式,即某区域内某人的性伙伴多于一个且病毒传染模式未得到认识。详见查尔斯·卡杜申所著《了解社交网络:理论、概念和发现》一书。——原注

期待团结的氛围。当我进出编辑室时我深知这一点，那里可能是最神圣的地方，感觉就像最小的孩子进入了兄弟姐妹房间，然后等着被赶出去。我发现这一点是因为我所在的公司有一名叫莎莉（Sally）的编辑，她在滑雪度假期间遭遇了事故再也没有回来。我记得公司里弥漫的那种沉闷的震惊、沉默和悲伤情绪，她可能都没有对我说过几句话，我对她的印象停留在她的蝴蝶结平底鞋。但在她去世的那一刻，公司变成了另一个家庭。

卡尔·桑德堡的诗歌《摩天楼》如此精确地捕捉了工作和工作场所在现代互联时代中占据主导地位的方式，无论是从字面上还是隐喻层面来看，它永远不会脱离与之相关的每个人的个性和灵魂。建筑本身深深嵌入我们的社会内部。桑德堡留意到每个与建筑物相连的人不仅仅是他们显示在门板上的名字，而是数百个灵魂，每个名字都代表着活生生的血肉。作者想要表达的是：我们的多元自我和灵魂或许被整齐划一的工作深深束缚着，然而当我们从办公室走出来，走回街头、草原和山谷时，一切都不同了。

因此工作将我们彼此相连，又断开我们之间的联系，我们无法阻止。但我们这些社交的灵魂就像工蜂一样，采集蜂蜜之后还要回到彼此的蜂巢中去，那里是我们和他人所属的地方。

第六章

网络和网络人

现代互联生活远非生产力应用程序或一些大师级领导让我们相信的那种整洁的盒子。如果我们想在这个超负荷的时代生存、发展、繁荣,我们就需要使用我们的网络,管理我们的知识和时间,最重要的是,顺其自然。

贫民区和花园

想象这样一个场景：那是在1770年，乘坐着奋进号航船，年轻的英国制图师和数学家詹姆斯·库克（James Cook）船长在澳大利亚的植物学湾（亦称博特尼湾）上岸。这是他为期三年的发现之旅的重要一站，他和船员们已经成为第一批到达"南纬40度以上那片未知的广阔地带"的欧洲人。① 同年4月，苦苦挣扎的诗人托马斯·查特顿（Thomas Chatterton）出版了长诗《邱园》（*Kew Gardens*）。那是一首讽刺性的作品，但也不乏抒情之处，该作品证明了权力、庇

---

① 维基百科"詹姆斯·库克的第一次航行"词条中引用伦敦地名志对詹姆斯·库克航行的注释。——原注

护和国家之间存在的联系。这首诗很明显将英国皇家植物园置于权力和庇护、抱负和美丽的核心位置,这是极为正确的。在探索世界宝藏发现新大陆并绘制地图的过程中,植物群和动物群是奋进号的最重要的回报。事实上,与库克船长一起登上奋进号的还有英国皇家学会主席约瑟夫·班克斯(Joseph Banks),当他结束这次旅行返回英国后,利用所谓的"他幸运地拥有良好的关系"①,把邱园变成了国际植物学和园艺学中心。

1770年8月,托马斯·查特顿在他的赞歌《邱园》出版4个月后自杀了。虽然他是下一代浪漫主义诗人的灵感来源,但他没有任何庇护或关系,当然也不足以确保他在当时的社交网络圈中获得一席之地。他身无分文,饥饿而死。托马斯·查特顿在其最后的遗嘱中宣称自己是"一个正在学习的男生,一个会说俏皮话的诗人",他把母亲和妹妹"留给我的朋友们照顾保护,如果我有朋友的话",当时他只有17岁。

1770年,珍妮纺纱机成为工业革命的又一个里程碑,这是这一年的第三个关联,但它涉及的是一种不同的工业,一种不同的创造力,一种不同的自然力。在远离澳大利亚植物湾,以及邱园(或者托马斯·查特顿的贫民墓)1000英里远

---

① 约瑟夫·班克斯是一位植物收藏家,他每天都在英国的花园里摆弄那些异国植物。——原注

的德国法兰克福,一个26岁的年轻人开始了他的奋斗。这个年轻人的出身和托马斯·查特顿一样贫寒,12岁时成了孤儿,身无分文,从小生活在悲惨的贫困中,但凭借着运气、命运和才能,他把自己的生活寄托于创建关系网上,且从未回头。这个年轻人就是迈耶·阿姆谢尔·罗斯柴尔德(Mayer Amschel Rothschild),小时候曾被送到犹太神学院读书,但在父母去世后不得不辍学。1770年8月,他凭着自己的努力逐渐成为一名宫廷商人,从事硬币和古董交易,虽然还没有积累什么巨大的财富,但他可以直接获得成功所依赖的财富和庇护。除此之外,他生活的法兰克福是连接多条贸易路线的枢纽网络城市,这也有利于他的生意,能够有机会摆脱狭隘的关系网,这一点极大地吸引了迈耶·阿姆谢尔,因为他之前一直生活在高度管制且封闭的犹太巷中。那里是犹太人聚居的贫民窟,人们住得很是紧凑拥挤,进出该区域都需要许可才行。他在那里结了婚,生了第一个孩子,其后又断断续续生了19个孩子,最终有10个孩子活了下来。

他的5个儿子的故事让迈耶·阿姆谢尔获得了过去两个世纪以来最大的商业成功,也见证了他通过努力获得的个人、政治和文化上的财富和影响力,并且这些影响一直延续到今天。在银行业、金融业、房地产业、艺术界和学术界,罗斯柴尔德家族一直以其财富、卓越和人脉闻名于世。迈耶·阿姆谢尔的儿子们:阿姆谢尔、所罗门、内森、卡尔曼和雅各布分散在五大洲,因此迈耶·阿姆谢尔称他们为自己的"五支箭"。如今,在罗斯柴尔德家族的家族徽章上依旧印有这代表力量的符号,"五箭"也依然是罗斯柴尔德家族企业中投资银行部门的名称。

像邱园这样的公共花园,或是像位于白金汉郡沃德斯登庄园中的罗斯柴尔德花园,其美丽壮观是大自然最强大力量的体现。植物本身就是关系网的一个奇妙隐喻:根、枝、芽和叶的增殖、授粉,其相互依赖、交叉受精、生长过程中的随机转变,都是科学的关系网络行为的特征。罗斯柴尔德家族在法国里维埃拉的埃富斯别墅,被官方列为法国最大的花园之一。花园的形状像一艘船,也许是受到了库克船长的启发吧。房屋本身被无边无际的美丽大海和土地所环绕,花园、大海、土地、人、大自然,共同形成一个网络系统,彼此相互关联。

数以亿计的羞怯人群

◉

如果你不喜欢社交，那么你并不孤单，我们常常会害怕那些无法完全理解的事物，我们天生不喜欢这些。人们为什么不喜欢社交呢？因为羞怯。关于关系网络的一个普遍误解（这里指的是主动地去构建网络）是，关系网是为那些喜欢吵闹、说话大声、充满自信、性格外向的人准备的，性格内向的人一般很抵触建立社交关系。但有多少人是天生性格内向的非外向型人群呢？答案是相当多。苏珊·凯恩（Susan Cain）在其"如何聪明地思考"系列著作中最畅销的书籍《安静》（Quiet）一书中写道："很多人讨厌闲聊，但喜欢深入讨论。"我很理解那种感觉。然而，如果你了解我，并且一定要给我贴上性格标签的话，你更有可能会使用"外向者"而不是其他什么词来描述我。

因此，讨论关系网络（稍后将谈论网络）本身已经是一种脱节，其概念遭到了误解和滥用。在流行的、两极分化的社交心态中，存在两种类型的关系网络工作者：善于思考的好人（性格内向的人），以及言外之意不是那么好的人。诚然，走进一个满是陌生人的房间会让你感到不舒服，而这通常是你开始建立人际关系最常见的情况，因为此类活动通常是以联谊会为名举办的。但每当我走进有好多陌生人的房间时，我都感觉胃扭在了一起。我很害怕，总希望自己能够像苏珊·凯恩书中所描述的内向者给人的刻板形象那样，"穿着睡衣躲在家里"。

我认为你最初感受到的强烈的距离感是社交和羞怯的敌人。当然，从你开始跟别人有眼神交流并说话的那一刻起，不管双方是闲聊还是谈正经事，谈论的话题其实就不怎么重要了，人与人之间的距离感开始慢慢消失。我意识到我教给人们的社交模式（即一次结识尽可能多的人）是完全错误的，与事实正好相反，我发现自己的羞怯是可以保持在可控的水平上的。当我给那些企业职员讲什么是人际关系，以及什么不是时，我将这个过程称为"着陆"。你走进一个房间与陌生人交流的那一刻，跟你坐飞机时降落的那一刻并没有什么不同。有时降落时间很长，在跑道上空盘旋，在云层中颠簸着降落；有时它又是平稳而快速地着陆。我喜欢这样的时刻：走进招待会或会议现场，然后发现有个我认识的人也在那里；在招待会前台感受到热情高效的接待，很快就会感到轻松自在。

换句话说，巨大的数字会让我们自我贬低，感觉到自己的渺小，这就是为什么我召开"是名字而不是数字"会议的时候会限制其规模，也是我尽量避免大型聚会，却喜欢小型的、精心策划的聚会的原因。也就是说，我们应该防止大规模的、喧闹的、千篇一律的活动。然而，放眼四周，大规模的表现似乎总是优于其对立面，即小规模。每秒钟大约有6 000条推文发布，服务器在朝你轰鸣，如果你愿意，它可以为你提供虚假的追随者。在伦敦，一个自称"搞笑视频达人"的二十多岁的年轻人，仅仅通过在他的房间里录制视频，在短短5年内就拥有了1 000万订阅者，而他的成功，以及拥有的大规模的追随者，都是广受追捧的。规模等于名声，谷歌创始人埃里克·施密特（Eric Schmidt）自豪地宣布，在不久的将来，"动动手指点击一下，你就能看到整个世界的数字化内容"。现在，全球范围内的国家债务不是用几百万甚至几十亿来衡量的，而是用一个更大数字单位——万亿来衡量的。当数字不断增长时，它对集体心理有影响吗？我认为它是在鼓励我们去做我们唯一可以安全做到的事，就是脱离它，我们不再去关注数字了，即便我们本应该关注。

当然，有些人更害羞或更安静。但与构建关系网的想法脱节的原因在于，它完全只与社交性有关，或者是与表面上的社交性有关。罗斯柴尔德家族的业务是建立在一个非常精心构建的，混合了社会团体和直接联系的基础上的，除此之外，还有网络本身，具体来讲，就是依靠在网络上传播的情报。事实上，罗斯柴尔德家族在19世纪使用的主要货币不是美元或英镑，而是知识。历史学家尼尔·弗格森在其家庭传记里记录道："为了更好地传输情报，对快速通信网络的投资使得当时信鸽成了情报收集的主要来源，直到20世纪30年代中期后，铁路、电报和轮船的发展才打开了一个信息通信的新时代，对罗斯柴尔德家族来说，要抢先对手一步就难得多了。"

现代联系史是由惊人的想象力、野心、规模和网络所创造的。19世纪50年代，第一条跨大西洋电缆成功铺设在2 000英寻深的海底，从旧大陆到新世界绵延1 600英里，需要订购超过2 500英里长的大西洋电缆，而每英里电缆需要超过130英里电线。如今，现代生活的叙事由硅谷的科技巨头主导，他们认为规模和大小是所有问题的答案。他们还认为，现代科技的变革和影响与19世纪晚期的同样大，甚至更大。到2020年，将会有500亿个联网设备，这个数字几乎是难以想象的；同样真实的是，移动电话为发展中国家在医疗保健领域带来的变革将是巨大而广受欢迎的。谷歌所说的"未来的我们"所有接下来的步骤——电力、铁路和汽车——

都体现在了一百五十多年前被铺设在海底的和陆地上的电缆上。当时，在工业革命的摇篮里，电缆和汽车就像是连接器，而公路和铁路就是网络。今天，人类拿着移动设备，通过互联网、电话会议，以及更进一步的全息图和人工智能的未来，传输自我。每个人都与其他人或事物有关联，不仅是在网络上；通过以自己的名义建立的网络，我们正在将自己从孤立、受集体限制的羞怯中转移到无限的维度中。即使能以极快的速度穿越数百万英里，但是亲密、信任、小规模和实时的面对面联系仍然缔造了持久的人际网络。

通常，拥有最强大的社交网络的人都有腼腆的一面，他们不愿抛头露面，也不愿与外界接触。全球"家族企业"有很多都是这样的，如家族的"私人办公室"管理着庞大的企业家族利益，全球35个国家大约有1000家公司为家族所有，包括印度的信实集团、美国的沃尔玛、瑞士的历峰集团、日本的软银集团、德国的大众汽车和韩国的三星电子等，它们的市值至少为10亿美元。这些家族企业拥有强大的网络体系，体系内部彼此信任，信任会缔造联系，如果缺乏信任，就会产生相反的结果。

信任是一套无论大群体还是小群体都能理解和接受的心理准则。麻省理工学院的桑迪·彭特兰（Sandy Pentland）在撰写他的有关"社会物理学"的想法时指出，"在经济学领域，之所以交换网络要好于市场，主要是由于信任"。在交换网络中，人与人之间的关系会很快变得稳定（我们会一次又一次地回到带给我们最好交易的人那里），稳定带来了信任，即对持续的有价值关系的期望。这给我们带来了不同类型的网络。

关系法则

◉

> 我把不同时期的不同事件联系起来,然后找出这些事情之间的相似和差异。
>
> ——埃莱娜·费兰特(Elena Ferrante)
> 《我的天才女友》(*My Brilliant Friend*)

当我们说"有关联"时,它就变成了"关系"的简要说法。埃莱娜·费兰特的小说三部曲的发表是出版界最轰动的事件之一,小说主要剖析了两个女人(从女孩到女人再到成家)之间不断发展的友谊。相互关联自然就会形成网络。存在于自然界中的结构和模式与在科学技术中产生的结构和模式具有明显的相似性。研究网络科学也许比其他任何科学或社会科学分支都更能解释这种复杂的、令人头晕的关系世界。我特意用了"分支"这个词,因为进行网络可视化操作时,用树形结构开始是一个很好的方法。从生物学到电子工程,从神经科学到经济学,如蜂鸟、人类的细胞、手机、电脑,现代生活中的 DNA 结构形状就是一个网络。

我步入网络科学和社会科学研究可以说是一个逆向之旅,在我意识到它的根源在于社会学、生物学,以及 20 世纪 50 年代的一场亚里士多德式的思想繁荣之前,就在不知不觉中实践过多年了。那时正是世界卫生组织寻求制定全球卫生政策的第一波热潮时期。世界卫生组织的工作在推进,世界各国也开始考虑经历了"二战"的恐怖之后该如何重新繁荣,学者们则开始认真研究全球卫生政策对人类行为意味着什么。如雅各布·莫雷诺的社群图,马斯洛的需求层次理论,米尔格拉姆的小世界思维和从众服从行为研究等,这些关于人类行为是如何相互影响的,以及是在何种形态下相互影响的方面的研究一下子变得时兴起来。

这个时期的书籍中,我最喜欢的一本书是《生活与人同在:犹太小镇的文化》(*Life is with People: The Culture of the Shtetl*)。其前言是由美国文化心理学派伟大的人类学家玛格丽特·米德(Margaret Mead)写的。在前言部分,虽然关系网络和社区等概念是含蓄地提出而非直接表述的,但它占据了中心："无论是在家里、在市场还是在街上，不管在哪，人们都聚在一起聊天。"每个人都对"别人说了什么感兴趣，各种新闻消息从不憋着不说，无论是个人事件还是一般性事件，都必须分享"。围绕着需求层次理论和小世界思维理论，围绕着人类行为的根本基础，都有各种论述，思想的极度繁荣出现了。例如，如果想要了解恐怖主义是如何在牢房中滋生的，可以读一读所罗门·阿施（Solomon Asch）所做的关于非洲社会的高压政治的精彩研究。网络结构在数学上是民主式的，在网络结构上的行为正以某种方式影响着一切。

深入网络科学及理论的科学——横跨管理和组织行为学，也延伸到了纯数学和物理学本身（坦白说是一种可怕的东西，称为"随机图论"）——对我来说并不能立竿见影。我对别人的想法和感受持相当友好的、私人的、颇爱管闲事的态度。当然并没有任何方法或已经计划好的方法，除了被工作面试拒之门外的痛苦促使我尽可能结识更广泛的社交圈之外，我从未将任何学术理论与我所从事的工作联系起来。事实上，直到互联网和电子邮件开始出现超负荷的迹象时，我才感觉到人们正被太多的信息压得喘不过气来，没有太多的时间来发展人际关系，同时我也意识到这可能会出现一个商机——做某类人的经纪人。我首先关注的是我仍在工作的通信领域和新闻领域的人，记者们常常被传真来的与他们感兴趣的内容毫无关系的新闻通知所困扰，这是我在一档卫星电视杂志"未来规划"栏目工作时的亲身经历。尽管告知了公关部门我们的兴趣点，公关部门的人还是用不匹配的信息轰炸记者办公桌。我意识到这样做只会导致两个部门之间缺乏信任，产生大量的不良信息。这是我最初对关系网络的兴趣，只是当时我没有意识到这一点，出于好奇，我开始注意到那些自上而下的层级媒体向有传播渠道的横向媒体的转变。后来，我见证了"公民新闻"的声音和选择，这打破了媒体和那些直接将信息输入媒体渠道的人的控制。

我是散居海外的犹太人中的一员，远离了自己的故乡。我意识到我采用了一种本能的散居行为，我从各种各样的环境中获得了各种想法，也受到了不同的影响。我在出版界、电视界、政界和公共关系界工作过，最终决定从事网络关系工作。大约10年后世界进入了网络连接的新时代。我的职业发展道路在某种程度上与我的同龄人并不一致，他们经历了一个更加筒仓式的职业发展道路：上大学、做教学或学术界的职业工作，甚至是从事媒体工作。多年来媒体发展有着非常独特的路径，如果你是一名制片人，你就不会横向发展进入编辑行业。如今，全球化和消费主义达到了狂热的程度，同时伴随着我在本书开头提到的互联网、移动和媒体的"三重革命"，每个人都是对所有的事都有一点点涉猎。在没有显赫头衔或地位的情况下，我一路走来，开始在工作中蓬勃发展，我有灵活性，我有机动性，最重要的是，我有关系。

中文里有一个词，用来形容互联、关联、构建和发展人际网络的行为，这就是"关系"。尽管对这个词及其内涵并非没有争议，但它充分说明了我们对关系网络的感受，以及我们对自我行为方式的引领与控制。中国有许多散居海外的华人华侨，其商业战略一直是在世界各地展开业务，确定商业模式和机遇，并将其带回中国，在国内建设这些模式和引入机遇。《经济学人》曾在2011年指出，"生活在中国境外的中国人比生活在法国的法国人还多"，"数千年来，侨民一直是世界的一部分"，他们作为社交网络的力量无可匹敌。①

正如社会学家曼纽尔·卡斯特（Manuel Castells）所说，一些有关网络的伟大思想的诞生恰逢"网络社会"爆发的时候。他在1996年写道："权力不存在于机构之内，甚至不存在于国家或大公司中，它存在于构建社会的网络之中。"② 网络社会的崛起并不是在真空中发生的，它发生在连通性的语境和摇篮之中。20世纪90年代，思想的繁荣与技术上的大规模移动连接（互联网、电邮、移动电话）相一致，突然之间，我们想更深刻地理解网络。1995年到2000年初，大量

---

① 2011年11月《经济学人》发表了一篇有趣的博客，参见《散居：绘制移民地图》，可参阅 http://www.economist.com/blogs/dailychart/2011/11/diasporas。——原注
② 曼纽尔·卡斯特，《信息时代三部曲：经济、社会与文化》（第一卷）(*The Rise of the Network Society: The Information Age-Economy, Society and Culture, Volume I*)。——原注

关于网络通信的思想文献发表，这些伟大的著作突出了在一个新融合的世界里，这些新融合的思想和行为所带来的兴奋、活力和希望。杰夫·马尔根（Geoff Mulgan）就是这样一个观察者，1991年，他颇有先见之明地写道："'谁是谁，什么是什么，为什么是为什么'的非正式网络与正式的组织一样重要"，"社交网络比最基本的信息技术产生得更早"，"血缘关系、影响力和流言蜚语、间谍活动和信用、派系和密友等网络在所有已知的社群中都很明显"。

随后令人惊讶的事情发生了：在社会学和人类学背景下，围绕着连通性主题发表论文的速度变慢了。为什么？我们从未有过如此多的期刊或出版机会，而这全是因为社交网络。

社交网络的到来（2002年Friendster；2003年领英和聚友网；2004年脸书；2005年YouTube）在网络社会中产生了其他的东西，即你并不真正需要离线网络关系，也不需要真正的人际联系，你也不必非常了解它们的观念。真正繁荣的是关于脱节的文学，例如，2000年罗伯特·帕特南出版了著名的《独自打保龄球》。有一些关于关系网络的极好的但却被忽视的书籍，如利普耐克（Lipnack）和斯坦普斯（Stamps）的著作。但在如何在房间里工作和如何把人脉当作销售工具等一系列更新鲜、更新潮的书籍的冲击下，关于网络的书你几乎是看不到了。

在汉语中，关系的字面意思就是"关系"或"联系"，与网络相关的行为（和艺术）已经与优势联系在一起，而且往往是一种不公平的优势。不要介意这种优势，实际上是可以任人唯贤的，我将在本章后面做出解释。"关系"在某些圈子里，也成了偏袒的代名词。你必须对网络、网络行为和网络艺术有自己的结论，为了帮助你构建自己的思维框架，应注意有一些核心观点在研究中一再出现，相关论文就像散居在世界各地的侨民一样散落在这个主题的学术思想中。

经纪人和建造者

◉

网络科学表明，无论我们看到的是一棵树、计算机系统还是人类社会，其结构都非常相似。不同之处在于，不同"行为者"之间的行为和行为习惯既可能带来阻碍或不受控制的怒火，同样也可能引出其他一些东西，如顺畅、敏捷、相互连接的网络，更容易带来信任和观点。

了解网络是理解社会联系的核心。自从我开始研究过去70年来心理学、神经科学、社会学和社会网络分析等领域的理论和研究以来，我一直感到惊讶的是，在相当封闭的学术界之外，网络科学或社会科学在社会中被理解和应用得竟如此之少。在丹尼尔·卡内曼（Daniel Kahneman）和理查德·塞勒①（Richard Thaler）等杰出传播者的推动下，行为经济学和"助推"理论（"nudge" theory）正开始开辟这一领域，神经科学也是如此。管理学思想家埃米尼亚·伊瓦拉和林达·格拉顿加入了彼得·德鲁克、汤姆·彼得斯和查尔斯·汉迪等大师的行列，使研究组织行为成为主流。在这个日益复杂和紧密联系的世界中，人们希望将这些点点滴滴串联起来进行理解。在当代互联网与社会、商业和媒体的研究中，我们有像安德鲁·肯、蒂莫西·加顿·阿什（Timothy Garton Ash）、玛格丽特·赫弗南（Margaret Heffernan）和詹姆斯·格雷克（James Gleick）等人。尽管互联文化和科学对我们所做的一切都至关重要，但我们仍处于普及互联文化和科学的早期阶段。本书试图开始把一些线索连在一起，其中许多线索在学术界的不同领域都处于闲置状态。我的这些工作同样是站在了巨人的肩膀上，他们塑造了我的思维，让网络比以往任何时候都更加开放。这些巨人包括巴里·韦尔曼、查尔斯·卡杜申、邓肯·J. 瓦茨（Duncan J.Watts）、尼古拉斯·克里斯塔基斯（Nicholas Christakis）和艾伯特－拉斯洛·巴拉巴西。

不过，在塑造我对网络的理解方面，社会学家罗纳德

---

① 塞勒在他与丹尼尔·卡内曼的著作《"错误"的行为：行为经济学的形成》(Misbehaving: The Making of Behavioral Economics) 中的引言。——原注

S. 伯特（Ronald S. Burt）做得最多。他创造了一个非常有趣和有影响力的"中介和闭合"（brokerage and closure）概念，以确定人际关系是如何形成模式的，这些模式受到每个人之间密切关系的影响。特别是，他确定了一种听起来相当美妙的东西，叫"结构洞"（structured holes）。正如他所说，结构洞是社会结构中的空白空间，结构洞的价值潜力在于，它们分离了非冗余的信息源，这些信息源更具累加性，而非重叠的。我来解释一下：如果你只认识那些已经认识彼此的人，那么他们之间的信息就没有那么新颖，甚至会强化"群体思维"。在2008年经济危机前的次级抵押贷款交易员的例子中，我们可以清楚地看到这种"同质性"，即每个人都同意其他人的观点，相互之间传递着陈旧的信息和观点。

在20世纪70年代另一位美国社会学家马克·格兰诺维特提出的"弱关系理论"的基础上，罗纳德·伯特建立了网络。网络从根本上是需要建立和发展的，否则它们就会像折断的树枝一样枯萎。在理解人们处理信息和建立关系的方式既是横向的又是线性的方面，格兰诺维特的文章《弱关系的力量》证明了这一点是非常重要的。简单来讲就是：你是怎么得到这份工作的？是通过广告，还是口口相传？你是怎么认识你的伴侣的？是通过一家婚介所，还是因为在朋友的朋友组织的聚会上，你恰好坐在他旁边？

在实践中、在行动中、在董事会，以及在我教授的整个企业中，埃米尼亚·伊瓦拉都对我对网络的理解产生了巨大影响。她是欧洲工商管理学院领导力与学习、组织行为学教授。2007年，她在《哈佛商业评论》(Harvard Business Review)上与人合作撰写了一篇题为《领导者如何创建和使用网络》(How Leaders Create and Use Networks)的研讨会论文。在论文中，她将网络定义为"创建个人联系的组织，以提供完成工作所需的支持、反馈和资源"。她写道，其中一个关键是要能使有抱负的领导者融入一系列关系和信息源中。阅读这种链接——网络都是关于链接和连接的，伊瓦拉称之为"网络跨越"(network out and across)的概念，即你认识谁，你知道什么——对我来说是另一个关键点，它让我认识到拥有网络和能够联网所带来的变革和进步的影响力。仅仅因为网络的概念仍然有些肤浅，对某些人来说就太糟糕了，那些有此心态的人比那些没有这种心态的人更容易受到影响。

利用"弱联系"和"结构洞"建立一套多样化的连接以使你的网络更强大，这种想法不仅以一种违反直觉的方式令人兴奋，而且对生产力的影响也很大。我以前讲过，在此重复一遍：生产力是社会健康的一个关键指标。如果你可以让知识、网络、时间、节奏同步协作，有良好的管理、沟通和使用常识，你几乎肯定会看到生产力的提高。

理解网络社会科学，实际上是硬科学，并不是简单的观察蜂巢或漂亮的六边形雪花那样的理想实验，尽管这可能很诱人。它的目的是了解如何以一种有益的方式提高生产力，这与世界卫生组织七十多年前最初设想的"社会福利"直接相关。

为善于处理知识的人牵线搭桥和建立人脉是成功的关键途径之一。正如合作经济研究者们所说："在官僚主义的背景下，知识被视为一种资源，因此与相应的决策权一起被集中在专门的职能单位和组织的更高层。然而，在那些主要依靠应对能力和创新能力进行竞争的机构中，来自机构各部门的知识对成功是至关重要的，而且下属往往比上级懂得更多。"①

网络领域的另一位重要思想家是管理专家林达·格拉顿，她是伦敦商学院管理实践专业的教授。她广泛地研究了未来的工作，认为只有有联系和懂网络化的人才能把事情办好。她谈到了"从孤立的竞争者转向创新的连接者"，并指出，"未来工作最大的悖论之一是既能成为一个独特的专家和大师，能够从人群中脱颖而出，同时又与人群紧密相连"。②

这又让我们回到了罗纳德·伯特关于中介和闭合的观

---

① 保罗 S. 阿德勒和查尔斯·赫克舍（Paul S.Adler and Charles Heckscher），《走向协作社区》（Towards Collaborative Community），南加州大学论文，2005 年。——原注
② 林达·格拉顿，《转变：未来的工作模式已在成型》（*The Shift: The Future of Work is Already Here*），柯林斯出版社，2011 年。——原注

点。具有讽刺意味的是，虽然网络科学是用线条和边缘来描述和描绘的，有各种长度和厚度的"纽带"，但本质上，它是关于社会圈子的。这与在工作文化和社交思维中占据主导地位的筒仓心态相去甚远。网络是社会性的，因为它涉及人与人之间的联系和交流，但它的起源是数学、生物学和科学的，社会和文化是排在结构之后的。网络的影响可以被理解、测量和复制，模式可以用来阻止网络的"传播"，正如我们在围绕埃博拉的隔离策略中看到的那样，但也可以用来模拟"良好"的传播。一些最好的沟通策略，比如"市民大会"，已经演变成创建小型网络社区，或者允许老板、经理、员工和其他利益相关方之间进行面对面的沟通。根据伯特的说法，这是纯粹的中介和闭合。根据伊瓦拉的观点，这是纯粹的战略网络。

人际交往一直被认为是资深人士的专利，他们可以控制自己的时间，并且可以被"信任"，能有效地利用时间。随着人们对协作建网的好处了解加深，投资人际关系和构建社会资本的做法在组织内部获得更广泛的吸引力，只是时间问题了。网络在每个层面都很有帮助，也应该在每一个层面上都建立。能够与同事建立网络联系并进行协作的价值现在已与生产力直接挂钩，神经学家利伯曼引用的一项研究表明，"只有当个体的智力通过与群体中其他人的网络联系得到增强时，才能达到最优化"。

第六章 网络和网络人

社交能力是《高潜力女性企业家性别下的全球创业与发展指数》(Gender Global Entrepreneurship and Development Index of High Potential Women Entrepreneurs)中列出的15个关键"支柱"之一,理由是"拥有更好社交网络的企业家更成功,因为他们能够发现更可行的机会,获得更多更好的资源"。人际交往在很大程度上依赖于你自己的运气,是与"意愿和风险"并列的一种创业品质。

两名意大利学者法比奥·萨巴蒂尼(Fabio Sabatini)和弗朗切斯科·萨拉西诺(Francesco Sarracino)对5万户意大利家庭进行了调查,结果显示,那些与人面对面交流的人比那些纯粹通过电子和网络交流的人的幸福感和幸福水平要高得多,对此我并不感到意外。他们的发现与马尔科姆·格拉德韦尔在《异类》(Outliers)一书中引起公众注意的一项发现相呼应。书中对宾夕法尼亚的罗赛托社区的意大利裔美国人进行了研究,这些超重的男性都是烟民,这让研究人员感到困惑,因为这些人没有患过该类人群所预期患有的心脏病和由此带来的死亡率,也与该区域、该州乃至整个国家几乎所有其他城镇的自杀、酗酒、吸毒或犯罪事件没有关系。事实上,罗赛托人在健康和社会行为方面的每一个趋势都是逆势而行,在穷尽了所有可能的理由之后,就只剩下了一个非常简单的解释,即网络。这些男人有着牢固的家庭关系和很强的家庭仪式感,他们坐在一起,吃着健康的橄榄油和其他地中海式饮食。但这并不是最紧要的,主要原因是这些人在情感上的结缔组织(医学用语,人或动物体内具有支持、营养、保护和连接机能的组织)。

社会联系是社会资本的一种形式。这些社区的人们相互之间的联系非常紧密,而罗塞托恰好是早期的这种社区或曰"异类",这表明了网络社会在社会语境中的力量。一个世纪以前,社会学家埃米尔·涂尔干(Emile Durkheim)指出,当用于连接的道路和缆索在社会上不可磨灭地铺设之时,自杀行为即与深刻的孤立、疏远和脱节(断开联系)产生关联。①正是网络能够重新联系起那些迷失在孤独和绝望中的人们,就像他们重新发现了激动人心的思想、重新获得了全球网络贸易的财富一样。

那么,有了这些证据,为什么人们还坚持认为网络不好,"关系"不是任人唯贤的,而是"熟人关系网"呢?答案就藏在一个普通人无法触及的房间里,即全球绿屋。

---

① 埃米尔·涂尔干是现代社会学的奠基人,著有《自杀论:社会学研究》(*Suicide: A Study in Sociology*)一书,1897年首次出版。——原注

全球绿屋与精英网络

◎

"绿屋",即演员休息室,是艺术家们在演出前放松、休息的地方。在那里,代表裙带关系和不公平优势的红色丝绒绳索阻止了一些人进入,而另一些人则畅通无阻。绿屋经常与某个特定的地方联系在一起。瑞士的达沃斯就是其中一个著名的地方,它可能起源于格拉斯顿伯里(Glastonbury)等充满泥浆的音乐节,但藏在绿屋背后的理念绝不是和平与爱,而是排他性的冰冷坚硬的锋芒。绿屋通常是看不见的,它可能是一个俱乐部,是一个被社会阶级和不公平优势所主导的地方,它依赖于一个网络。全球绿屋还有一个别名,即熟人关系网。

从学校到游戏文化,再到企业生活,社会仍然充满了理想和期望,所有这些都提供了一个逐级向上发展的模式。对有些人来说,他们可能向往着金字塔最尖端的办公室,而对其他人来说,可能追求的就是一个学位。全球航空公司的营销战略中常见的"升级"概念,也反映了这种层次分明、充满抱负的生活方式。我们都想得到一个更好的座位,我们都想夜总会里的红丝绒绳子会为我们解开,我们都想在飞机上向左转进入头等舱,意思就是"你在社会食物链的上层,而不是下层"。安东尼·特罗洛普(Anthony Trollope),维多利亚时代伟大的小说家、社会编年史学家,曾令人难忘地将他笔下的一个人物描述为社会的"上层人士"[①],我们仍然崇敬那些赢得了荣誉、奖杯和奖项的体育明星和演员们。然而,过去30年的网络化社会向我们表明,等级不一定像更横向的模式那样具有弹性、公平或灵活性。如果你只待在办公室里,你可能会与"全体工人"隔绝。此外,今天把你视为"精英",与其说这是让你地位提升的一个标志,还不如说是让你背上了一个靶子,让其他人将你视为"他们",而不是"我们"。尽管社会对名人和那些获得高薪的足球明星、体育明星仍然是认可的,但它已经与在政治、商业和公共生活中被称为"领袖"的精英阶层分道扬镳。这是研究精英主义及

---

① 安东尼·特罗洛普,《你能原谅她吗?》(*Can you Forgive Her?*)。——原注

其在网络中的作用的一个特别有趣的时刻。

  毫无疑问，拥有强大的网络体系对你有利。从某种程度上来说，这是一场数字的游戏，称为"梅特卡夫定律"，由以太网的创始人罗伯特·梅特卡夫（Robert Metcalfe）提出。他认为"网络的价值随着网络规模的增大而增加"[①]，在数字游戏中，应用小型网络可能是一个劣势。在移动支付和应用程序盛行的时代，便捷的网络连接带来的最佳效果之一，就是将某些孤立的小市场转变为更大的市场。例如，M-Pesa 在南非的成功，以及孟加拉乡村银行[②]的小额贷款，都扩大了网络，使贫穷和孤立的社区也能够进行贸易，这样做打破了一些市场精英主义，即只有"大玩家"才能参与的惯例。这种明显扩大的网络接入都是好事。这样的事越多越好，而联网技术可以在很大程度上提供帮助和支持。越难接入网络的地方越不显眼，越在红绳后面，越在绿屋里。就像我在第二章中描述的断裂和骨折一样，如果你看不见什么部位断裂了，你怎么治愈它？

---

① 关于梅特卡夫定律的解释，见 http://www.computerhope.com/jargon/m/metcalfe.htm。——原注

② 2007 年，在英国沃达丰的支持下，M-Pesa 在肯尼亚成立，已经改变了发展中国家以手机为基础的银行业和小额融资业，可参阅 http://www.safaricom.co.ke/mpesa_timeline/timeline.html。诺贝尔奖得主穆罕默德·尤努斯教授创办的孟加拉乡村银行（名为穷人银行）不以信贷为基础，而是以信任为基础放贷，惠及 97% 的孟加拉女性，可参阅 www.grameen.com。——原注

在公共生活、商业和政治领域的精英网络中，人们可以安静地、私下地、非正式地讨论决策，这些都是基于对网络行为的信任。你不必更聪明或更富有。但社交网络就意味着，如果你确实是更聪明、更富有，而且你有正确的人脉，你被邀请的概率就会更高。诱惑因排他性这一事实而增长，因而增强了专属绿屋的魅力。对于越来越多来自非政府组织领域的世界领导人和金融界要人来说，世界经济论坛仍是他们关注的焦点。每年1月，世界经济论坛都会在瑞士山区的度假胜地达沃斯举行年会，这只是为期一年的全球邀请式聚会计划的一个高潮。比尔德伯格（Bilderberg）会议更为独特，只有150名与会者，该会议不对外公布与会人名单，也不对外宣布任何会议决议（会议始于欧洲和北欧政治精英的竞选活动，与此同时，亚伯拉罕·马斯洛将"联系"排除在他的需求层次之外）。① 这个会议被指责为精英之间的勾搭。2016年英国举行脱欧公投时，英国人民对这种勾搭极为反感，欧盟被认为是一个精英阶层，普通民众无法进入欧盟，但他们可以向欧盟表达他们广泛的不满。

绿屋里到底发生了什么？当戴维·卡梅伦（David Cameron）担任英国首相时，在他的政治活动因英国脱欧公投中

---

① 比尔德伯格组织创立于1954年。马斯洛论文最初发表于1943年，其论文思想在1954年出版的《动机与人格》（*Motivation and Personality*）一书中得到了充分表达。——原注

断之前,他曾泄露过一次与女王陛下的私人电话谈话,内容是关于之前的一次公投,即关于2015年苏格兰是否应该从英国独立出来。当他漫步在纽约联合国会议的走廊时,有人听到(政客和公众人物需要认识到一个全球性的事实:麦克风和摄像机总是在某个地方开着)他向亿万富翁迈克尔·布隆伯格吹嘘说,当他告诉女王英国将在2015年保持统一时,女王嘟哝了一声。①在成为纽约市长之前,布隆伯格就是通过将金融数据连接到特殊屏幕上而发家的。这样一来,戴维·卡梅伦(顺便提一句,他邀请我和他的随行人员一起参加了另一个峰会,即2012年在斯德哥尔摩举行的北欧—波罗的海峰会)一举证实了两种有趣的社交网络理论。第一个理论是哥伦比亚大学应用社会研究院的研究员伊莱休·卡茨(Elihu Katz)在1954年发现的:如果你想要传播一个想法,你得选一个有影响力的人去传播。比尔德伯格会议也是在这一年开始的,所以有人很快就把这个理论付诸实践。第二个理论是信任,一条不言自明的真理,信任网络依赖于戴维·卡梅伦所交流的信息——自信。人们可以在知识的基础上创造货币,尤其是别人没有的知识。拥有知识和网络是一

---

① 2014年9月,英国首相戴维·卡梅伦在纽约联合国大会气候峰会上被拍到向亿万富翁迈克尔·布隆伯格吹嘘的一幕。英女王则对苏格兰公投结果表示欣慰,公投显示赞成苏格兰留英一方以微弱优势胜出从而使得苏格兰得以继续留在英国。——原注

个人人脉广泛的标志：一个认识别人的人，一个知道别人需要知道什么的人。

最后，全球绿屋与其说是一个地方，不如说是一种虚拟现实。在你成长的过程中，如果你被排除出那些可以自信地交流想法的地方，或者处在一个不重视知识或社会联系的文化中，这可能是一种劣势。当我看到与社会排斥和精英主义有关的问题时，我持跟很多人相反的观点。我关注的不是外部群体被剥夺的机会，而是内部群体的行为。我问自己，这些行为可以复制吗？可访问人数可以扩大吗？答案既是肯定的，也是否定的。是的，就像我之前说的，这些特征并不是由生物学决定的，比如超长的运动腿或者非常聪明的数学头脑，这些都是遗传的，并非后天形成的。人际交往的敏锐性、技巧和机会是可以创造和实践的，当然，问题在于要去弄清楚该认识谁，该知道什么，当然还要有积极的心态或雄心。

在英国，我为小学生们做演讲，这是一个名为"学校发言人"的小型但非常高效的慈善机构的工作的一部分。该组织旨在向普通公立学校传递精英主义抱负，正好与公立学校的做法相反，私立学校如伊顿公学（Eton College）的精英体系体现了"熟人关系网"的负面联想。一直让我感到惊讶和沮丧的是，与我交谈的许多儿童、青少年完全缺乏远见、抱负、自信或好奇心。当然，他们可能聪明能干，但他们所处的文化往往（当然并非总是如此）限制了他们的眼界。如果要改变这种有产者和无产者的比例，就要从最根本的教育上引入精英网络宏大的世界观，而这些精英网络正是由权势集团成功地部署起来的。你会从望远镜的哪一端看这个绿屋，外面还是里面？

当我开始我的职业生涯时，我有一个不可否认的优势，即我的姓氏。我如果从事医药或矿山工作，我的姓氏可能对我的事业发展起不到什么作用。但在图书出版领域，尤其是在一家出版过我父亲著作的出版社——企鹅出版社，它确实起到了作用。我的姓很特别，一下就能让人联想到他，所以一定是我的姓氏把我那份应聘《书商》广告中宣传助理职位的普通申请推到了最前面。剩下的就是我的事了，但这正是我所需要的，一个机遇。多年来，我与那些认为这种优势是完全错误的人发生过许多次争论，我想说的是：这完全是自然的。你是愿意改变人类的生活方式，还是愿意采取切实可行的措施来增加其他人可以利用的机会？还要指出的是，这种所谓的不公平的优势要么是特定阶层的人所寻求的，要么是为特定阶层的人所提供的，这种观点并不完全正确。才华横溢、广受欢迎的英国喜剧演员兼编剧维多利亚·伍德（Victoria Wood）于2016年去世，她的讣告里写着，她第一次在电视选秀节目上获得重大突破，是因为她去试镜在演播室外排队时，有个认识她的人把她的名字写在了前面。就是这样，天赋、时机加上机缘巧合。尽管某些行为具有模式化性和可预测性，但网络科学是非常善于解释的，这与某些行为的模式和可预测性无关（梅特卡夫定律就是一个例子），因为有一件事是不变的——不可预测性。在错误的时间携带埃博拉病毒越过边境的人；把试听带交到最能广泛传播它的人手中因为他们有适当的影响力。许多网络及其创建过程都没有人们想象的那么有计划，那么容易实现，它们远比人们想象的更加具有偶然性和关联性。

爵士团和管弦乐队

当我在出版行业工作时,我近距离观察到了一个有趣的过程。我看着某人脑子里的一个想法通过委托,经由一系列短暂的相互关联的执行,被制作出来,最终成为一个成品,一个可以拿在手里的有形的东西———一本书。即使在今天,出版 Kindle 电子书或精装书也是类似的步骤。从得到最初的手稿,先编辑修改;然后进入生产程序,制订计划;预定印刷价格和印刷格式,或确定 ISBNS 和 Amazon 上架;同时,撰写初步的营销文案、封面文案,为贸易书商和销售团队撰写的文案,实际上就是撰写各种"简介";然后是 4 月的伦敦书展和 10 月的法兰克福书展,以及二级、三级和世界版权市场,需要准备更多的复本和更多的视觉资料;最后进行宣传。20世纪80年代，我在一家出版公司工作，曾听到出版商的妻子在电话里谈到书的特色和编辑等卖点，我受到了触动：这是我分内的事，我的使命。我觉得我找到了喜欢的工作及工作方式，我开始从边缘走向我称之为事业的中心。这个过程花了一年左右的时间，这使我懂得：工作是按顺序发生的，但往往是即兴的。

最好的职业生涯充满了偶然性的时刻，这些偶然的时刻最终成就了现在的我们，这并非一段专注的直线性旅程。想想看，当你走在山的一侧，沿着运河小径漫步，或在车流中穿行时，工作中的生活就像这样，你总在活动中。你需要转弯，站起来，保持平衡。你必须协商和处理一些棘手的问题，这些都是在一种连续的交流状态中，通过与他人面对面或用电子方式进行的，如说话、写作、开会、同意、不同意、指导、倾听、建议、学习、集中注意力、走神、旅行、担忧和享受。

这在音乐中被称为"即兴创作"。在社会科学领域，人们开始对各种组织行为运动以及舞蹈设计对成功的潜在价值产生了浓厚的兴趣（正值20世纪90年代通信革命开始之时）。一系列学术论文开始出现，如卡尔·E.韦克（Karl E.Weick）的《以即兴创作为理念的组织分析》（Improvisation as a Mindset for Organizational Analysis）和玛丽·乔·哈奇（Mary Jo Hatch）的《探索组织的空白：即兴爵士乐如何帮助重新描述组织结构》(Exploring the Empty Spaces of Organizing: How Improvisational Jazz Helps Redescribe Organizational Structure)。这些文章发表在网络技术领域，见证了谷歌公司的创立，在爵士界见证了埃林顿公爵（Duke Ellington）去世后获得普利策奖，这与之前一些人表达过的观点遥相呼应。

瓦尔迪斯·克雷布斯（Valdis Krebs）出生于俄亥俄州，并在那里长大。20世纪80年代，他搬到了加州，并加入了位于洛杉矶的丰田人力资源系统项目组。这是第一个大型企业的计算机人力资源系统，瓦尔迪斯·克雷布斯对技术在人员管理方面的作用很感兴趣，他将自己描述为一个"好奇的家伙"，这或许可以解释为什么他开始在加州大学洛杉矶分校的夜校学习人工智能和系统分析。他面临的挑战是什么呢？看看未来将人工智能和管理咨询结合起来会是什么样子。结果表明，那个未来是组织网络映射。瓦尔迪斯·克雷布斯在工作中接到了许多人的电话，试图向他推销系统软件，其中有一个供应商每隔一段时间就给他打电话。瓦尔迪斯·克雷布斯说："这家伙说他有一款接班人计划软件。我说两年后再来。他坚持说他在街那头会面，下午就可以过来看我。所以我说好吧。"这个偶然的决定改变了他的一生。和大多数的随机结果一样，随机本身也有一个切线。与供应商的会面按计划进行，瓦尔迪斯·克雷布斯也并没有改变他对那个软件的看法。但是，当供应商要离开时，他们开始闲聊起了软件,瓦尔迪斯·克雷布斯说:"我提到我想在电脑上模拟组织,他从口袋里掏出《纽约时报》的一篇文章,题目叫《网络映射》,讲的是我在读数学和计算机科学本科时给我授课的那个人。"瓦尔迪斯·克雷布斯梦寐以求的软件——映射人们在工作中彼此的关系——就在那上面,而且那个软件跟他还有关联(他老师的构想)。受到鼓舞,瓦尔迪斯·克雷布斯说服老板让他在人力资源部做一项调查,他只问了一个简单的问题:"你是和谁一起完成工作的?"在那之后,他换了工作,用他的话说,成了"数据狗",在一家专门从事卫星制造的高科技公司里收集行为数据。团队里的很多人实际上都是真正的火箭科学家,他注意到员工之间的流动率很高,人们来到这里,接受了培训,然后又离开去跟别人竞争职位去了。他想知道自己的数据是否能搞清楚如何改变这种情况,到目前为止,纯粹的"数据狗"分析都是由统计学主导的,你可以看到人员流动率,但你无法找出原因。但瓦尔迪斯·克雷布斯的分析大有改观。他设计了一个名为"流入"的系统,用来映射人们在他询问他们的忠诚度、留职时间和招聘行为时的说法。这种将技术、人声和个人经历复杂地结合到一起的结果就是,瓶颈问题和僵化模式有了不同的解决方法,他们开始做出改变。网络思维诞生了。瓦尔迪斯·克雷布斯认为,网络思维的诞生与爵士乐有关。

瓦尔迪斯·克雷布斯的工作引起了埃丝特·戴森(Esther

Dyson）——广告和数字技术的早期采用者——的注意。在1996年埃丝特·戴森发布的时事通讯月报上，瓦尔迪斯·克雷布斯写下他在人力资源和社交网络分析领域的新成果，这一成果是为"联系时代"而设计的："在当今的商业环境中，经营一个更像爵士乐团而不是古典管弦乐团的公司会有更好的发展。"在这样的公司里，团队成员和经理分担责任，而不是由一个人来控制一个项目的执行。参与者可以即兴发挥，不给他们设立界限和规则，每个人都可以寻找"凹槽"（音乐节奏，这里指自己的"最佳状态"）。这有时候听起来很乱，但好的工作小组就像好的爵士乐团一样，是在混乱的边缘工作的。

和爵士乐团一样，现代生活也是一团糟。现代互联生活远非生产力应用程序或一些大师级领导让我们相信的那种整洁的盒子。如果我们想在这个超负荷的时代生存、发展、繁荣，我们就需要使用我们的网络，管理我们的知识和时间，最重要的是，顺其自然。

结论

全面连接的未来

一双双援手

完成放疗和化疗后,我的核磁检查结果显示疗效良好。太好了!这让我有两个月时间可以稍稍喘息和放松。然而获悉此事的那一刻,我的唇部冒出一颗疱疹,于是我又需要服用安定来缓解焦虑。

我是多么开心和欣慰啊,同时又十分焦虑。那颗疱疹位于我的左唇上方,我担心那是肿瘤复发的表现,尽管疱疹的位置不太符合病况(我的肿瘤位于大脑左侧,因此相应的癌症表现应该出现在身体右侧)。说来也巧,现在那个疱疹已经痊愈了。

我同你讲,我真是前沿人物。在癌症治疗领域走在最前沿其实是相当令人疲倦的。前一分钟我还在接受免疫疗法治疗(正是这种疗法让卡特总统的癌症好转),接下来我就要准备剃掉我仅存的头发,以便在头上戴上一堆电极。多年来,治疗癌症共有三种主要疗法：手术、放疗和化疗。世界各地的实验室一直在努力钻研寻找治疗癌症的方法，78岁的以色列教授约拉姆·帕尔蒂（Yoram Palti）在退休之际致力于癌症的电疗研究。毫无疑问，帕尔蒂教授是一位不知疲倦一心耕耘的人，几十年前读博士学位时他已经有了这个想法。他接受一家名为"环球"的以色列的商业媒体采访时说："我的朋友们有时会问我：'为什么不寻找治疗癌症的方法呢？'于是我就着手去做了。"帕尔蒂教授对医学和工程学同样热爱，他决定将电场应用于活组织。2000年，他在家中建立了一个实验室，16年后他已为新诊断为脑癌的患者完成了三期试验治疗。对于我这样的患者，试验成功意味着每个人都可接受这类治疗。

简单说明一下这种疗法的工作原理吧。患者需背一个双肩背包，背包内的设备连接着头部的电极，这些电极携带高电荷粒子，产生电场并攻击脑癌细胞。具体而言，电场阻止了脑癌细胞的进一步分裂，由此可延长由诊断到复发的时间，这正是我们想要的，因为癌症一旦复发，采取治疗措施的时间非常紧迫。为我治疗的神经肿瘤学家说，医学界对此本来是持怀疑态度的，但是

结 论

实验数据最终令他们信服。很快这种治疗方法将成为除传统癌症放疗、化疗和手术之外的另一种常见疗法。

这种疗法使患者不必远离家人的陪伴，尽管这意味着我将在接下来的九个月中头戴坚硬的白色治疗器件。我的形象将可能贴近2016年的舞会风格，佩戴的那些大型电导线可装入配有电池的8磅重背包，这有助于减轻头部重量。这个设计绝对是由工程师而不是时尚达人设计的，想想看，如果我提前知道今年的舞会主题风格，我就可以挑战全世界的设计师来设计时尚的头部装备并鼓励人们佩戴它。该公司将于下周开始展示如何请人帮我剃掉头发并整理那些电线器件，每周两次。我要求将时间安排在晚上，因我的女儿苔丝和埃玛晚上会有时间陪着我，这并不是说埃德不好，而是我认为少女们在头发和化妆方面的技能可能使她们更擅长此道，可以为我那可怜的头皮提供最好的护理。

网上社区的病友们在积极地讨论如何佩戴这件治疗设备更合适。鉴于这个设备自身会发热，是否需要买个凉枕，夜里床边要不要摆好电扇呢？当然这也意味着我将告别假发了……

但真正令我在意的是网友分享的被当作自杀式炸弹袭击者的

经历。这位网友当时在乘坐公共交通工具，可以想象他身背一个大背包，包里的电池信号灯因过热而不停闪烁（比如夏季乘坐纽约地铁时气温过高，信号灯即开始闪动），此外包里还有电线连着他头上的元件，看上去确实很不同寻常。此后又有其他网友分享了类似的经历，大家热烈讨论如何应对这类问题，我却对此莞尔一笑。

有人会制作一些卡片分发给那些盯着他们看的人，希望可以缓解他们的担心并得到理解。也有人会亲自解释病情并向他人解释这不是什么可怕的事情。但我不会这样做，我会戴上耳机隔绝一切。

我对这种疗法背后的创造性思维心存敬畏，为医保可覆盖高额的治疗费用感到欣慰，也因为佩戴这个治疗仪引发的幽默小插曲心情颇佳。我既兴奋又畏惧。这是我所选择的勇敢、疯狂、理智、烦琐和令人困惑的旅程中的一个值得瞩目的新篇章。

——选自杰茜卡·莫里斯博客
《如今生活静好》
www.lotsahelpinghands.com[1]

---

[1] 已获允许出版。——原注

结 论

2015年夏天，我开始着手创作本书，没多久我丈夫就因为严重的心脏病接受了手术治疗。为他做手术的是一家世界顶尖的心脏医疗机构，我丈夫就在那里的重症监护室接受术后观察治疗。就在看护他时我意识到，该机构的医护人员事实上正以行动践行社交健康六原则。我丈夫床边排列着各种医疗仪器，这些监护仪器灯光不断闪烁并连续发出哔哔的声响。床边留出充裕的空间，以便需要紧急手术时方便使用手术器材。在重症监护期间，有一位护士一直对他进行专人护理，其间，医护人员小组持续对病情进行监测并集中讨论我丈夫的病情进展。负责我丈夫病情进展的外科医生和我家私交甚好，其本人深谙社交健康原则的精髓。伊恩·哈奇森（Iain Hutchison）教授的专业领域是口腔颌面部外科手术，他花费了数十年时间采用当代最先进的技术将精神和心理科学与创伤疾病相联系。哈奇森教授曾在乘坐飞机时偶遇一位乘客，巧的是对方是一位航空航天工程师，并已经获得了平面金属早期裂纹检测设备的专利。作为面部外科研究基金会的创立者，哈奇森教授随后与这位工程师建立了伙伴关系，以该技术检测患者口腔中早期的、极微小的溃疡，这些症状有可能发展成癌症。

当我从奥尔德堡给哈奇森教授打电话并解释我的不适时，教授利用他的第六感和本能立刻判断出我患上的是肺炎和败血症，他说："你现在就去医院。"当我反对说孩子需要照顾离不开人时，他的直觉是如此强烈以至于开始大声喊叫："赶紧开车去医院！"几年后，也是他首先发现了我丈夫的健康问题，再次利用本能结合深厚的医学知识，按照他描述的症状做出了准确判断。

手术后经过三天紧张的监护，我丈夫准备转入位于楼下的高级照护病区。准备转病房之前，我们把他的个人物品全部收拾好。这时负责监护他的护士叫住了我们，并从护士站调出我丈夫的医疗数据告知我们他还需最后检查一下。术后应激治疗过程中我丈夫使用了一些新药和治疗手段，这意味着目前收集的医疗数据有可能不完整。

对此我简直感激涕零。上一次我见识到这种共同协作的专业精神时同样涕泪交加，那是小学时代老师给我们写年终评语的时候。我之所以感到惊讶，不仅仅是因为老师们全身心付出，关心孩子并传授知识，而是他们对人数达 25 人的班级里的每一个孩子都非常了解。

所谓的社交健康其实是一种对联系的管理模式。人们一般认为，我们人类需要体系、模式、尝试、错误、本能、集体和共同目标，我们将这些元素纳入我们的生活和工作体系。反之，所获信息将减少或丢失，就会导致在剑桥郡边界游荡的伊恩·亨特利竟夺走了杰茜卡·查普曼和霍利·韦尔斯的生命。或者对于那些纠缠在官僚网络中的世界卫生组织官员来说，他们并没有注意到来自几内亚无国界医生组织的呼吁，后者显然更加敏捷、灵活和实际。

目前全球通用语已不再是信仰或相同语言，而是电信和无线网络所发出的信号、产生的噪声、使用的系统。我们身边的一切都深受其影响，周遭种种被映射、被发现、被分享，至少表面上看来是这样的。地理学在现代生活中的体现是位置标记，这一技术既美妙又令人担忧。科技巨头思科于20世纪90年代宣称："你毫无隐私可言，学会适应吧。"① 物联网是当代技术领域的新

---

① 根据1999年1月26日的《连线》杂志，太阳微系统公司的斯科特·麦克尼利（Scott McNealy）于1999年对一组分析人员和报告人员说："你们毫无隐私可言，学会适应吧。"——原注

宠。现在通过技术你可以监控追踪你的服饰、冰箱储存、奶牛场或是癌细胞的扩散程度。过去只有神秘主义者声称一切都彼此相连，现在这已经成为事实。你可能不希望大数据追踪记录你的信息，然而这并不以你的意志为转移，你唯一可以自主选择的是你的行为方式和健康思想方式。《经济学人》杂志称思想比血液和金钱更宝贵，思想之于信息时代相当于当下的货币体系，没有正确的系统管理和沟通方式，它将陷入崩溃。

社会中相联系的部分如何相互关联和通信是社会健康的重要组成部分。一个国家某地区的警察突然发现与其负责的罪案有关的线索，虽然此线索所在地与其属地隔了两个县。健康慈善机构认识到，如果将所有患者体验信息联系在一起，将获得一个数据集合，此举将有助于疾病研究。跨国的市民大会文化是员工们彼此联系分享点子和解决方案。未来一切皆可连接在一起，然而现在还未完全实现。我们因此有机会更深入地了解网络，以一种不同以往却更有效的方式去利用它们。

顺便说一下，网络结构美丽而迷人，除了弄清埃博拉病毒和普通感冒的区别，不要试图去区分美丽的艺术和炫酷的创新，

结 论

或是试图去辨别恐怖主义网络和好战分子。网络衍生了无数种模式,并通过一系列枢纽和节点传输信息序列(从 DNA 和电脑编码到所有网络都在传播的最具有感染力的"人的言论"),对这些模式进行复制和增强。

我们彼此相连的个人生活在某些方面比社区或企业领域更容易记录、评估和修改。但无论是个人生活还是集体生活,都是由相同的嵌入式的、集成的"运行系统"和文化所主导。人们认为相互联系是理所当然的,除非人类已与智能联系电子链完全连接,充分融合,否则会导致大量的错误连接和传达。我们已经开始看到警务、医疗保健、反恐、健康安全,以及教育模式等领域发生了巨大变化,其中合作和编制信息的新方式取代了旧的孤立模式。但是我们采用的新模式没有国家或全球层面的蓝图,只有一组尚未完全整合的新兴聚集模式,我们可能都已建立联系,但很少人可以真正彼此相连。

来自德国科布伦茨的亚马逊仓库电子跟踪系统告诉机器人工作人员需要为柏林订购客户拿取什么货品。在太平洋上长途飞行的空中客车 A380 副机长全程都和位于地面的巴拿马空中交通工作人员保持交流。孟买企业家使用 cookies 跟踪商品销售网站的访问情况，该网站通过英国政府通信总部位于布鲁塞尔的基站进行连接。或者一位孟买艺术品经销商将图像上传到卡塔尔博物馆供馆长审查。或者一位报名慕课的里约热内卢年轻学生在客厅里参与哈佛的虚拟课堂，她边听课边喝汽水，而汽水送到她家需要通过物联网运转，同时通过手机应用提醒她汽水量已不多，建议再次购买。

我设想了这样一个完全彼此相连的未来，这个未来建立在技术基础上，并与使用该技术的人重新建立了联系。比如未来或许会有无人驾驶汽车，或建立更良好的社会健康体系以帮助老年人群体。这或许是这些计算机网络连接新技术为我们带来的最大好处，我们不仅仅是借助技术完成工作，而且使之更加人性化。

在完全相连的未来，无论是个人还是组织，都可使用有可信任来源的知识和信息组成的技能组合，同时保持直觉，直觉本能不会受政治或实际原因的影响。人们长期喜爱的小规模的私密聚会将与激情澎湃的大小会议同等重要，都是为了快速完成目标

结 论

并获得自上而下的结果，而不是为了得到又臭又长的、侧面的线性结果。

全面连接的未来将是一个旅行体验良好的未来。尽管人工智能使面对面聊天显得落伍了，我们也不能永远留在家里。如果我们放慢行程，而不是试图快速到达目的地，那将是美妙的旅行体验。海上交通运输的计算机和汽车总量远远多于其运送的乘客数量，然而海洋覆盖的地球表面积比其他任何地方都多，让我们回到大海的怀抱。让我们选择可以学习、工作和度假的游轮，而不是仅仅选择耗费燃油的空中旅行。

然后再谈谈咖啡。咖啡不会从我们的生活中消失，但咖啡店必须转变现有风格回归自我，那里应该是无阶级区分、联系和文化交流的场所，桑迪·彭特兰称之为社会中坚的地方。类似的还有健身房，亚里士多德时代的繁华中心。本书结束词是在我所在城市健身房的咖啡馆里完成的，社交中心仍然是具有偶然性的，或许在楼上的器械房或楼下的游泳池。本书出版后，我将就此做进一步讨论。我希望健身房开发多种功能，可设立书展，也可兼做图书馆，正如我希望大街上的银行在关门时间过后仍接待来宾，让经济学家有机会向我们这些好奇的社交灵魂解释金融业务一样。

　　最后，谈谈网络。我们依靠网络生活、旅行、交谈、打字和发短信。如今我们几乎完全依赖它们。各类早期连接模式和方式均利用早期蒸汽机的能量和动力向前发展，在铁路这个闪亮的19世纪新网络上发挥作用。我们的21世纪网络就像一系列相互连接的车厢，每个车厢相互连接形成了一个更大更协调的整体。举例来说，每天打电话交谈的家庭成员，分公司是大公司家庭的一部分。在全球政治家庭中，大多数民间社会和政治社会，以及企业界都是在相互联系的网络中组织起来的。

　　全面连接的未来并不是一种戏剧性的理想主义繁荣，而是通过循序渐进、协调一致、一步步联合起来以反映我们在这个大众时代的个性。就像采蜜的蜜蜂，或飘落的雪花上的冰晶，由单一结构和图案连接塑造而成，彼此连接直到最后。

六边形思考——
六种关于社交健康的可实践方法

我们都是以目标为导向的人,所以我经常被问到有没有什么"诀窍",我对此毫不奇怪。但这个词也让我感到为难,因为其背后的含义与我的期望背道而驰,我期望的是宏大、宽广、开放,而不是隐蔽、短平快和封闭。然而,两者往往皆为人类所需,这是人性使然。因此,我写下了六个基本原则及其实践方法,以便在不久的将来可以积极地建立联系并积极应对联系不足或联系过载问题。

所谓进两步退一步,就是世界本来的样子。想想那个著名的笑话吧,一位女士在纽约拦住一位出租车司机,询问如何才能去卡内基音乐厅,那位司机答道:"女士,那你可要勤学苦练才行。"[1]

---

[1] 该笑话的起源并无定论,但多数人认为是小提琴家米沙·埃尔曼(Mischa Elman)首创,可参阅 https://www.carnegiehall.org/History/History-FAQ/。——原注

赢得社交健康的方式不要流于表面而要深挖其根源，我们需要将社交健康六原则付诸实践，通过沟通、管理和第六感形成应对机制，以设计适合自身的体系来控制知识、网络和时间的综合问题。

要建立全面连接的、有用的生活方式，摒弃不健康的生活方式，第一步即为愿意试错并付诸实践。我们的目标是采用彼此连接和连续的行为方式，而不是停留在孤岛中孤独地生活。深挖根源所在，不要仅仅停留在表面。如果不尝试，你无法预知你的团队将如何做出回应。在亲自体验之前，我不知道我需要放弃我的健身房健身计划，经过几星期尝试后我明白该计划不可行。但我并不想放弃使用健身器械健身，我只是需要设计适合我的计划。因此我们需要做的是，尝试制定策略，付诸实践并进行反思。

如果想量身定做社交健康策略的话，不妨先自行确认一下产生这种想法的驱动因素是什么，是为了改善家庭生活，还是为了改善职场境遇，还是兼而有之呢？你是否正处于关键时刻，需要紧急建立健康的社交体系呢？还是说，是你的家人或同事遇到了这样的问题呢？不同的情况区别很大。如果你正处于危机当中，关乎生存问题，需要度过一段明显压力巨大的时期，那么你的行动将具有短期性和基础性这两个特征。如果你要放眼未来，而不是仅限于当下，那么你需要纵观全局制订计划。确认一下你属于上述哪一种情况。紧迫型任务往往把人逼入绝境，例如需要在短期内参加考试，或是上司要求在短期内完成不可能完成的任务，或是健身减肥时过于急切而身体却不堪重负。因此组织制定目标应符合现实合理的原则，不可一厢情愿地好高骛远，也不必对他人的不合理要求言听计从。未来是繁荣进步还是捉襟见肘取决于你所做出的改变。

　　人生的起起伏伏与其说是纵向的，不如说是横向的，且往往始于宏大。例如21岁生日宴、婚礼、活动发布、选举或竞选活动，这些都是人生的重要时刻、大计划、大目标。另外，事物的发展也遵循循序渐进的规律。管理学家奇普（Chip）和丹·希思（Dan Heath）在他们的作品中对此有精彩的阐述，在他们看来人类按其行为可分为"骑手"和"大象"两种角色。扮演领导者角色的视野宏观，但容易脱离现实，忽视基层人士的见解和感受。我分别称之为"宏大"和"细微"。

因此我们要回归平衡，二者皆为人们所需要。我认为，人们不仅仅要从细微处着手思考，更应注重宏观视野。要知道成功建立在对基层的认知上，前文提过的"大象"角色反映在现实中即为儿童、员工、学生或其他群体，若要成功则需要设身处地从对方的角度着想。我们的身体由大约80块骨头和800块肌肉构成，需要做一系列微小的动作来完成同步运动，我们察觉不到这些动作，当我们的肢体运转不灵或受伤时我们才会注意。完成工作时也是如此，我们通常先着眼当下，看看今天可以做的一两件事，而不是针对模糊不清的"明天"制定宏伟愿景。

如果我们感到麻木或与世隔绝，这通常与压力有关。正如我所认为的那样，约翰·哈里在其《追逐尖叫》(*Chasing the Scream*)一书中坚称，吸毒成瘾的核心原因是瘾君子超载的感觉负担需要麻木和释放，对此我深以为然。在超载时代实现全面连接需要我们活在当下，不断进步。在实践中，这意味着改变不良职业，颠覆不良体系，改变做事的方式方法。必须倾听人们的感受，否则无法实施任何改变。

附 录

下次当你参加会议时，如果有人夸夸其谈，请暂停片刻，试着理解对方，从他们的角度看世界。这很有效，相信我，我在同事、青少年和丈夫那里实践过。亲密关系有时对人们来说非常具有干扰性，特别是我们时常隐藏自己的感受，有勇气去分享（但不要过度分享）变得越来越必要和普遍。这是因为，为了获得信任并建立关系，你需要付出，慷慨和互惠是变革的驱动力。

好多年前我戒烟时，接受了一位名叫吉莉安·莱利（Gillian Riley）的优秀老师的教导，让我意识到我已经习惯于在无力戒烟时用"无能为力"这个理由放松自己。尽管在某些时候自我感觉是不得不吸（我戒烟前每天要抽 30 根烟），但有时候我完全不吸烟。例如，当我看到电影院有禁烟字样时，我就不吸烟了，这是社交规约令我做出的选择。这让我意识到我们的社交行为就是这样的一种选择，那些在社交媒体上失去自我控制并开始欺骗他人的人，选择了放手。成为一个什么样的社交灵魂跟你的出生地和内在健康状况是不一样的，它是可以选择的，选择是一笔财富，不要浪费它。你可以选择进行改变并实现社交健康。

还有一件事，规模很重要。不要匆忙地建立联系，徐徐图之，并在你的生活中形成规模。无论有多少人在推特上关注你，或者在脸书上为你点赞都不重要，除非你只想做些交易，而不是建立关系。你可能对此已有所感悟，恰当的人际关系圈大约为150人，符合邓巴数规律。世界上的主权国家数量不超过200，一个星期的小时数是168，我说的这种关系规模令我们有一种无限感。

社交健康实践六法

1. 合理安排日程

我们身处超载时代，无论你是从容应对还是左冲右突，合理的日程安排无论对个人还是工作生活来说都极为重要。正如我们减肥时首先想到的是节食，所谓的要管住自己的嘴，这一步当然要自主控制，除非你碰巧是位大名人，拥有自己的私人营养师。只要年龄超过六个月，多数人还是能够自我管理的，知道什么该吃什么不该吃。日程安排则不同，职场中逐渐风行将日程交给他人安排的做法，于是许多人失去了控制时间的机会，也无法自行安排每天的行程。那么，眼下你可以做到的是看一下你的日程表，找出其规律，搞清其意义，并总结出对你最有效的安排模式是什么。比如每天开始工作后或结束工作前的一小时时间可用来处理邮件，或集中安排两到三天时间用来深思熟虑。是的没错！该办法可用来厘清哪些是因你过度承诺造成的过载情况。

2. 工作或需停歇

提倡停止工作可能看起来很奇怪，但这正是我想要你认真考虑的。你可能需要进行精神断食，这将令你更富成效而不是停滞不前。包括医院和政府部门那样的公共机构，其工作人员无时无刻都在忙忙碌碌，一旦发生联系中断必将是灾难性的。他们从不放慢脚步，也从不停下来审视和思考，对于这样的机构组织来说，很难有机会反思目前的工作方式是否存在错误，是否需要改变。一旦他们停下来进行改变，就一定会带来改善。我想起一家运转不良的医院，该医院的手术室常常超负荷运转，当该医院发现问题时，他们意识到应该有意识地停止这种模式，于是他们最终决定应长期空置其中一间手术室。乍一看这似乎很荒谬，会加剧超负荷运转的问题，但事实正相反，这使得工作人员能够集中思考如何合理进行排班且有余力应对突发急诊手术。

就个人而言，你我无法像电脑一样连续运转，我们需要定期停下稍歇。宗教活动或许存在种种问题，但每周安排一日安息日的做法深得我心。于是我决定来一次"科技安息日"，拔掉办公设备的插头，与工作生活断开连接，重新与另一种生活建立联系，焕发精神完全有必要。我的工作令我超载时我不得不滥竽充数，对此我深感后悔，虽然本人没有宗教信仰，但我深信与超载生活断开连接的必要性。我们无法做到永不停息，同时避免我们的身心失调。如果我们像电脑和办公室的电灯一样一刻不停运转，制造环境污染，这是很危险的。每周拿出六分之一的时间与自我、家庭、社区建立联系，脱离技术连接的世界，这对于在这个超载时代的生存发展是绝对必要的。

3. 思想活跃多彩

跟那些与你思想不同的人交往吧，从他们那里了解不同的事物，他们或者比你更年轻或者有着与你不同的背景。这并不是说你应该把冲突带入生活。争论和好斗可能导致无法达成共识，但是你知道我们周围充斥着太多的"志同道合"，太多的"集体思考"，太多的"蜂巢思维"。使用来自社交健康六边形当中的第六感来洞悉肢体语言，以感知同事们是否有抵触情绪或有其他想法，并请他们畅所欲言。换句话说，我们想要的是爵士乐合奏，而不是整齐划一的乐团演奏。你大概要怎么做呢？你可以与不同的人交谈，留意不同的人，这些人可能是服务员、出租车司机，也可能是实习生。你可以更广泛地阅读，这样就能够同时接触到小众以及主流思想。学会以更多样化的方式来思考，同时也不必抛弃你习以为常的思考模式。如果你只接触具有特定资质的人员，那么请三思；如果你不让孩子们玩你不理解且不喜欢的电脑游戏，请尝试让他们向你解释。换句话说，你要尝试脱离习以为常的模式。诚实地说，我是从基层做起，逐步开始我的事业的，我最初需要复印800页手稿并收取邮件，但这些基层工作给了我观看、学习和倾听的好机会。人们大多认为处于行动的核心位置是至关重要的，但我发现这可能会使我们脱离行动中无处不在的真正重要之处。这就是我与出租车司机和鸡尾酒会接待员交谈的原因，我经常通过与人们的随意交谈来招聘自由职业者。我试着以网络科学的方式来观察事物，努力留意核心外围信息并了解其内在联系。

4. 设计舒适工作环境

你的工作环境和方法至关重要。请记住，提高工作效率，提升个人价值，与自己的工作建立联系是极为重要的。如果你讨厌你的工作环境，无论是因为工作本身，还是因为工作地点或上班交通不便，都会影响你的表现，就像采用了错误的节食计划或是不适合自己的健身方案一样。我初次感受到与健身建立起实际联系始于抛开私人教练设计的健身计划，亲自设计适合自己的健身方案。工作方面也是如此。看看你的工作方式方法及其地点和模式，如果你的工作处所是一栋非常丑陋的建筑，或是通勤极为艰难，请注意这都会对你产生影响，请想办法来缓解这种情况。你可以下载精彩播客来听，也可以阅读蒂姆·费里斯（Tim Ferriss）的《每周工作4小时》（*The Four Hour Work Week*），要确保高效但灵活地工作，最终让你的同行和老板满意。

5. 相知社交六群体

在政界，所谓的厨房内阁不是厨房里的一件家具，而是围绕在你身边的人构成的团队组织。这些人的组成取决于你的网络的数量和质量，你可以召集他们寻求建议，获取重要的人际关系、情报以及指导。网络研究学家泽拉·金（Zella King）称之为"私人会议室"，这种叫法发人深省。有趣的是，泽拉认为每个人的"私人会议室"的人数应该在6~12人，多则不行。这些人环绕在你的周围，在我看来可划分为以下六类，我称之为"社交六群体"：

I. 朋友和家人

II. 工作中直接接触的同事

III. 组织内部工作人员

IV. 需要应酬的人

V. 合作项目相关人

VI. 计划将要结交的人

你的社交六群体并不都是个人，而是会变化的。还可以是一些团体——最好每次不要超过"邓巴数"，也就是150人，甚至总共也不要超过这个数——这些团体来自各种复杂的网络，这些人际关系主要存在于你的Outlook邮箱、领英、Yammer，以及其他私人团体或公共社交网络。无论以哪种方式建立，社交网络均可分为三个类别，且可依据其状态分为"积极关系"和"休眠关系"两种。"休眠关系"是使用率极高的社交网络分析术语，又称"弱关系"，包含了社交网络行为中违反直觉的一些东西。我们一直认为，无论是个人关系还是工作关系，多结交些新朋友会更有帮助。婚介机构吹嘘可为客户提供更多相亲挑选机会，想当然地认为潜在相亲机会越多对你越有益。或许在数学领域中该认知是正确的，然而也仅止于此。请记住，关系网络中包括信任关系、家庭纽带、亲属关系在内的亲密关系，都遵循人数不多贵于精的原则。面对"休眠关系"，我们应采取积极唤醒的态度。可以给有段时间没联络过的人打个电话，也可以约他们喝咖啡聊聊近况，人际关系应保持动态，活在现实中，而不是沉寂在电子通信簿中。

"积极关系"更有意义。你知道你与他们保持着联系，了解他们已经是你社交圈的成员或是每天并肩工作的同事。对于这些人，你要做的是将他们从所有的联系人中提取出来，要么保持联络，要么恢复联络。那么无论是"积极关系"还是"休眠关系"，均隶属于三类人。首先是家庭成员，包括真实家庭成员和你视为至亲的那些人。其次是朋友，这里同样是从广义上划分的，我认为有类似于脸书上的好友，有一起喝咖啡的好友，也有高中时期结识后成为毕生挚友的同窗，还有在工作中的某些同僚（也许并非挚友，但你希望维持良好关系）。最后是同事，这里也是按广义进行分类，你与第三类人的关系或"积极"或"休眠"，总之与前两类相比较为疏远。你不会全心全意地信任第三类人，选择给予帮助时这一类人较其他人不占优先位置，但这类人可能是最重要的。你们可以相互帮忙。他们的地位可能低于你，影响程度或许不如你，但他们不缺乏理解事物的能力，不缺乏好点子。也有这样一种可能，他们是你十分希望了解的一类人，你却对他们知之甚少。

6. 构建个性知识库

事实上我们都了解自己真正需要什么。我们需要在这个脸书风靡的世界里面对面地交流，将宝贵的时间花在我们信任的人或是可以实际交往的人身上，而不是陷入各种快速交易的漩涡中。在当今世界中，建立关系网络变成了一项沉重的负担，而事实上其本质不过是关于如何照顾好自己罢了。我们深知这一点，这和保持身心健康的方式并无本质区别。

我们需要明白，通过一种特定的模式和过程来处理我们的知识、网络和时间是至关重要的第一步。我浪费了多年时间用来节食和健身却收效不佳，最终我依据自身所知、所学、所想制定出了合理模式，那时我已年近50岁了。但此举令我明晰了塑造与设计的价值所在，从而诞生了我称之为六边形思维的思考模式。

管理知识方面更是如此。我们计算热量，每天五次摄入水果和蔬菜（其实这是一种成功的促销手段，没有科学依据，但有效促进了公众的健康意识[①]）。我开始设计有实际应用意义的知识管理模式，从而避免纸上谈兵，结果找到了"个性知识库"这个方法。我们不必每天阅读所有新闻，了解所有观点，登录所有媒体平台，这样做我们迟早会因为压力太大而崩溃。根据"个性知识库"法，我们将信息划分为六个核心类别，每天或每周处理一次。就像六边形思考法一样，该方法应用于工作和生活中，重要而不失个性。希望对你们有所助益。

新闻和时事

我认识的人中有些人只看报纸或其电子版的体育版面，对其他内容似乎并不感兴趣。然而新闻和时事在某种程度上代表着

[①] 每天吃5个水果和蔬菜运动最初是为了响应1990年世界卫生组织的一篇论文而设计的一种营销策略，旨在对抗心脏疾病，该运动是美国国家癌症研究所与健康促进基金会于1991年发起的。——原注

社会的生命线。无论我们喜欢与否,新闻都是重要的存在,恐怖主义、全球化、金融皆涵盖于新闻报道中。请读一下国内外的政治时事,我无意要所有人都成为政策制定者,而是希望每个人都能避免目光短浅。请记住,时不我待。

专业知识

这很容易理解。我们通常都会专注于我们的专业科目,经济类期刊、网站和博客蓬勃发展的程度高于其他媒体,因为人们明白要快速掌握相关知识才能与时俱进。如果你无法在自己的专业领域中不断进步,就不会得到重视,这个时代的专业知识领域浩瀚无垠,我们也仅能触碰其皮毛而已。

时代思潮

我承认我对运动几乎没有兴趣。如果你给我机会谈谈为何我认为足球比赛会滋生偏激的民族主义,我肯定会长篇大论令你昏昏欲睡,而且我认为板球的规则真的是晦涩难懂。但是,我认识到每个人都有令其热情迸发的爱好,与他人建立充分联系的关键在于了解其兴趣所在,不是假意投其所好,而是寻找共同的兴趣所在。如果发现和对方的兴趣相左也无妨,记住有差异才有吸引力的道理。

多看多听

如果你还记得第二部分开头概述的联系层次结构，你可能会为此感到宽慰，因为人类只有三种核心联系方式：面对面、书面或社交媒体。其中社交媒体传播的语言和图像似乎无穷无尽。实际上，信息处理形式也是如此。首先是我们有所见闻，其后由媒体进行传播，传播媒体以电视和广播为主，但移动视频、播客、电影或有声书也很重要，其差异在于信息摄取方式不同。日常饮食中，如果只喝汤，那么将导致摄取营养的方式极为单一，观看新闻节目或了解时代思潮为大家提供了多维度的信息获取方式，它应成为你信息盛宴的一部分。

广泛阅读

阅读文字的速度和维度也发生了变化。阅读《卫报》或《纽约客》等新闻媒体提供的标题文章可能需要 30 分钟或更长时间，与移动设备上的推特简讯或 BuzzFeed 上的滚动新闻相比，其特点与阅读节奏迥异。建议两者都要阅读，二者的关系正如水果和蔬菜一样，也可类比为运动和体重之间的关系。

分享、见闻和生活体会

最后一点关乎面对面的信息，我的建议是分享你的所见所闻。我永远不会忘记西蒙·沙玛以肖像画为主题的热情演讲，不会忘记20世纪80年代观看美国已故桂冠诗人马娅·安杰卢（Maya Angelou）在伦敦南部刘易舍姆为3 000名女性朗读《我仍将奋起》(*Still I Rise*)时的盛况，不会忘记亲耳闻听安德鲁·所罗门（Andrew Solomon）在海伊文学节期间谈论差异和排斥。

这种多方面获取信息的方式符合美国前国防部长唐纳德·拉姆斯菲尔德（Donald Rumsfeld）所谓的"已知的未知"一说。该方式使得我们在超载时代更容易把握方向，更有助于我们与他人建立联系，如果够幸运的话，可以做到彼此相连、全面连接。

桥上观景

1965年,"摩尔定律"被提出,其后,计算机的运算能力不断翻番,并持续了50年之久。同年,现代工业工程中的最大成就之一得以竣工,这座位于法夫郡的福斯桥可视为现代社交健康的隐喻,前后共有数千人为其建造辛苦劳作,其中有出身工人阶级的秘书,也有来自中产阶级的会计,有建筑工程师,还有工人。他们共同协作了6年,在苏格兰的一角建造了世界上最大的吊桥之一。

除了项目本身运行良好且具有吸引力之外,这个由于共同工作而在一起的群体具有多样化的工作背景和专业技能,他们的性格和年龄也不相同。这违背了许多人坚信的自然选择规律,即社会学家所说的同气相求。[①] 这个集体运转良好,其生产力类似于部队等组织一样高效,该集体思想之活跃多样与之前例子中提

---

① 20世纪70年代伊恩·J.麦基萨克(Ian J.McKissack)所著《加纳的皈依》(*Conformity in Ghana*)中可找到极佳范例。——原注

及的社会服务或警察部门的集体思维形成了鲜明的对比。这是社会健康的另一个关键。

由于现代化进程的不断推进，福斯桥变得必不可少，几个世纪以来，渡轮穿梭于水上运送游客和通勤乘客。但是，随着20世纪50年代经济出现了新的繁荣，仅仅数年间，汽车的保有量就开始猛增，乃至泛滥。

桥梁总工程师巴里·科尔福得（Barry Colford）说："这座桥存在的意义可以媲美安第斯山脉上的绳索桥，唯一的区别在于它是钢制的。"无论是古代还是现代，这座桥象征着社交健康的基础，如果我们认为结构是社交健康的核心，是态度和行为之间、思维模式和行动之间、硬件和软件之间的纽带，并且在我们探求社交健康的起源时，不仅仅局限于身心健康领域，而是向更广阔的商业、工程、教育和家庭中去探索，我们就差不多可以看到彼此完全连接的未来可能是什么样子，那将是一个我们完全可以期待并全身心去建设的未来。

下面列出的每一个人都帮助我把脑海中复杂的拼图变成了文字，我对他们都充满了感激，我所做的正确的事应该归功于他们。如果有任何错误和遗漏，我将无比自责。

我的丈夫阿拉里克是我的坚强后盾，总是携我之手、与我志趣相投。我的姐妹和挚友杰茜卡·莫里斯是我最睿智的顾问。不可否认，本书也献给我已过世的父亲埃里克·霍布斯鲍姆（Eric Hobsbawm）。我写这本书的部分原因与我的父亲有关，除此之外还有其他家人，即便他们已经故去，对我的影响也不亚于生前。特别是我的祖母莉莉·施瓦茨（Lily Schwarz），无论在早前的维也纳，还是后来移居的圣约翰伍德，我的祖母无疑都是沙龙之星。还有罗曼、阿诺舒卡和沃尔夫冈（Wolfgang）[1]，他们不断地询问我："妈妈，书写得怎么样啦？"

---

[1] 本书英文人名，遵循首次出现括注原则。——编者注

我要特别感谢安东尼娅·詹宁斯（Antonia Jennings）针对我的零基础读者所做的初步研究工作，感谢约翰·班平（John Bamping）给予我的第一手反馈，感谢拉维·维拉赫·雅克（Ravi Veriah Jacques）负责的后期研究和版权工作。感谢地产商、出版商以及我所引用的所有作家的经纪公司：艾里斯·默多克、《星期日泰晤士报》（The Sunday Times）的塔尼娅·戈尔德、埃莱娜·费兰特，《纽约书评》（The New York Review of Books）的雅各布·韦斯伯格、卡尔·桑德伯格（Carl Sandberg）、杰茜卡·莫里斯、马歇尔·麦克卢汉以及英国广播公司（BBC）第四电台。感谢露西·温切特牧师和娜奥米·费尔，我将她们的验证方法应用于本书第四章的开头。感谢埃米尼亚·伊瓦拉允许我使用她的著作及插图（插图名为"你的网络联系能力如何？"）。感谢西奥·鲍文–韦斯（Theo Borgvin-Weiss）允许我使用他的两幅插图（插图名分别为"沟通层次"和"社交健康六边形"）。

我还要特别感谢三组人，他们对本书的创作和出版均有所贡献。

首先，感谢本书的相关工作人员。我的经纪人托比·芒

致　谢

迪（Toby Mundy）以他充沛的朝气和热情协助我完成了本书创作。卡罗琳·米歇尔（Caroline Michel）是第一位引导我找到本书灵感的人。菲奥娜·麦克莫罗（Fiona McMorrough）在计算方面表现出了专家级别的敏锐。在编辑方面，玛格丽特·布卢曼（Margaret Bluman）和朱迪·皮亚库斯（Judy Piatkus）的眼光毫无偏差。安德鲁·圣乔治在文字领域表现出外科医生般的精准和专业。我钦佩并感谢布鲁姆斯伯里出版社的工作人员，包括我的编辑伊恩·霍尔斯沃思（Ian Hallsworth）、第一位获知我想法的亚历山德拉·普林格尔（Alexandra Pringle），以及热情与我对接工作的奈杰尔·牛顿（Nigel Newton）。此外，我还要感谢其他一些出版和编辑人员，包括祖德·德雷克（Jude Drake）、雷切尔·尼科尔森（Rachel Nicholson）、维基·贝多（Vicky Beddow）、玛丽亚·哈默肖伊（Maria Hammershoy）、希瑟·库欣（Heather Cushing），他们充满活力且认真负责。

其次，我要感谢我的私人教练。他们与我细致深入地讨论了本书的方方面面，并在反复阅读书稿后给出了涉及文字和想法的详尽建议。这些富有智慧并对我进行有效指导的人是斯蒂芬·巴伯（Stephen Barber）、海伦·布罗克班克（Helen Brocklebank）、贾尔斯·吉本斯（Giles Gibbons）、亨利·梅森（Henry Mason）、马特·皮科克（Matt Peacock）、温德尔·斯蒂文森（Wendell Steavenson）、艾丽斯·舍伍德（Alice Sherwood）及詹姆斯·伍德森（James Woudhuysen）。我还要感谢一些作家、学者和思想家，他们厚重的知识积淀令我可以站在巨人的肩膀上，他们给我鼓励并在关键时刻为本书提供帮助，他们是德卡·艾肯黑德（Decca Aitkenhead）、马修·丹科纳（Matthew d'Ancona）、亚斯明·阿利巴伊－布朗（Yasmin Alibhai-Brown）、路易丝·凯西（Louise Casey）、威廉·埃克谢尔（William Eccleshare）、克莱尔·福克斯（Claire Fox）、尼尔·弗格森、米沙·格伦尼（Misha Glenny）、林达·格拉顿、维夫·格罗斯科普（Viv Groskop）、安德鲁·基恩、祖德·凯利（Jude Kelly）、克利夫·奥斯威克（Cliff Oswick）、查尔斯·汉迪、埃米尼亚·伊瓦拉、埃尔斯贝特·约翰逊（Elsbeth Johnson）、泽拉·金、瓦尔迪斯·克雷布斯、达比萨·莫约（Dambisa Moyo）、雷切尔·约翰逊（Rachel Johnson）、柯斯蒂·兰（Kirsty Lang）、詹尼·拉塞尔

致 谢

（Jenni Russell）、西蒙·沙玛、斯蒂芬·斯特恩（Stefan Stern）、理查德·斯特劳布（Richard Straub）、纳齐姆·尼古拉斯·塔利布、弗兰克·特伦特曼（Frank Trentmann）、马克·文特雷斯卡和巴里·韦尔曼。

第三，我要感谢我的健身课同学们。在我每次与他们交谈时，都有人为我带来新的灵感，他们多年获得的智慧找到了可发挥的地方，我也有幸收获了友情。当然，我还要感谢编辑情报公司的工作人员，我们的相处从没有无聊之时，他们是查理·伯吉斯（Charlie Burgess）、海登·布朗（Hayden Brown）、安德鲁·戴维森（Andrew Davidson）、斯蒂芬·弗莱明（Stephen Fleming）、汤米·赫尔斯比（Tommy Helsby）、劳拉·穆辛斯（Laura Musins）、杰拉尔丁·夏普-牛顿（Geraldine Sharpe-Newton）、菲奥娜·托尔内（Fiona Torne）、哈维·戈德史密斯、彼得·约克（Peter York）以及我们的 ei 俱乐部成员等。感谢我的母亲马琳（Marlene）、弟弟安迪（Andy），感谢堂表兄弟姐妹哈比·施瓦茨（Habie Schwarz）、本·施瓦茨（Ben Schwarz）、塔尼娅·墨菲（Tanya Murphy），感谢沃尔叔叔（Uncle Wal）和多特阿姨（Aunt Dot）。感谢萨拉·本顿（Sarah Benton）、简·布赖恩（Jane Brien）、詹姆斯·卡普林（James Caplin）、金杰·科克勒姆、理查德·卡瓦略（Richard Carvalho）、萨拉·达德尼（Sarah Dudney）、凯特琳·戴维斯（Caitlin Davies）、莉泽尔·埃文斯（Liesel Evans）、埃丝特·弗洛伊德（Esther Freud）、马丁·哈里斯（Martin Harris）、伊恩·哈奇森、杰玛·莱恩斯（Gemma Lines）、索菲·利维（Sophie Levey）、菲奥娜·莱格（Fiona Legg）、凯特·莫尔特比（Kate Maltby）、希瑟·麦格雷戈（Heather Mac Gregor）、本·莫斯（Ben Moss）、桑贾伊·纳泽拉利（Sanjay Nazerali）、什业坶·佩雷拉（Shyama Pereira）、利兹·德·普兰塔（Liz de Planta）、金伯利·奎因（Kimberly Quinn）、哈里·里奇（Harry Ritchie）、索菲·雷迪斯（Sophie Radice）、纳塔利娅·希夫林（Natalia Schifrin）、萨斯基亚·西森斯（Saskia Sissons）、哈丽雅特·斯派塞（Harriet Spicer）、阿尼亚·施蒂格利茨（Anya Stiglitz）、杰克·斯托尔格（Jack Stoerger）、卢克·西森（Luke Syson）和苏济·塔弗恩（Suzy Taverne）。

最后，我要感谢牛津大学曼斯菲尔德学院的海伦娜·肯尼

致 谢

迪·QC（Helena Kennedy QC），她邀请我随时随地与她交谈关乎此书的想法，并邀请我到简·布斯菲尔德（Jane Busfield）——曼斯菲尔德学院校长的小屋完成写作。感谢英国广播公司第四电台的柯尔斯滕·拉斯（Kirsten Lass），让我可以与他交流心得。感谢伦敦卡斯商学院和萨福克大学的同事和学生。最后，我要感谢位于伦敦北部马斯韦尔山的实验室水疗中心和健身房的工作人员，我在那里戴着耳机埋头苦干，完成了大量写作和编辑工作。我要特别感谢卡西娅（Kasia）和莎拉·简（Sarah Jane），她们常来到我的桌边为我提供所需，并端来一杯浓浓的咖啡。